아이야, 뒹굴자

**NO O KITAERU "JARRETSUKI ASOBI"**

by MASAKI Takeo / INOUE Takamitsu / NOJIRI Hide

아이얏 뒹굴자

© 들녘 2005

초판1쇄 발행일 · 2005년 10월 20일

지은이 · 마사키 다카오 / 이노우에 다카미쓰 / 노지리 히데
옮긴이 · 지세현
펴낸이 · 이정원

펴 낸 곳· 도서출판 들녘
등록일자 · 1987년 12월 12일
등록번호 · 10-156

주소 · 서울시 마포구 서교동 394-14 명성빌딩 2층
전화 · 마케팅 02-323-7849 편집 02-323-7366
팩시밀리 · 02-338-9640
홈페이지 · www.ddd21.co.kr

값은 뒤표지에 있습니다. 잘못된 책은 구입하신 곳에서 바꿔드립니다.
ISBN 89-7527-504-3 (04590)

# 아이야, 뒹굴자

## 뇌에 좋은 스킨십 44

마사키 다케오 · 이노우에 다카미쓰 · 노지리 히데 지음 / 지세현 옮김

들녘

마사키 다케오
(일본체육대학 명예교수)

　'스킨십 놀이'에 대한 내용이 '책'으로 나오리라고는 생각지도 못했다. 아마도 이런 내용의 책으로는 이 책이 처음일 것이다!

　어느 나라 아이들이나 어릴 때는 특별히 누구로부터 배우지 않고도 아이들끼리 또는 부모들과 '놀이'를 하며 자신도 모르게 성장한다.

　이 책을 기획하기 시작했을 때는 대단한 기획이라고 생각했다. 그러나 기존의 유아교육 전통과 최근 어린이에게서 드러난 여러 가지 위험한 요소들을 해결하려는 과학자들의 집요한 조사들이 없었다면 전세계적으로 유례를 찾기 힘든 이 책을 내지 못했을 것이다.

　이 책은 우츠노미야 시의 사쓰키 유치원에서 냉수마찰을 통해 아이들을 건강하게 키우면서 스킨십 놀이를 계속 시도하고 있는 소아과의사 도모에다 무네마사가 있었기에 나올 수 있었다.

　그리고 추운 겨울에는 아이들이 냉수마찰을 싫어할 수도 있다는 점을 고려해 냉수마찰을 하기 전에 어떤 놀이를 하면 좋을까 연구하다가 육아 교사들의 눈이 번쩍 뜨일 놀이를 발견해냈다.

또한 그 놀이, 즉 스킨십 놀이를 육아 프로그램 제1순위에 놓고 25년 동안 연구하고 실천해온 노지리 원장과 이노우에 이사장이 있었기 때문에 마침내 이 책이 출간하게 되었다.

바로 여기에 현대의 육아 방법과 관련된 보물이 있다.

이 보물을 잡을 수 있는 도구, 즉 대뇌의 전두엽을 검사하는 방법을 연구자들이 종종 발견해내곤 한다. 그리고 이 방법으로 사쓰키 유치원 아이들의 전두엽 특징을 매년 조사해 귀중한 데이터가 축적되었다.

하지만 이런 사실들만으로 이 책은 만들어질 수 없었다. 기획을 한 에노모토 씨와 이 기획에 참여한 소학관의 아오야마 씨도 집에서 직접 아이에게 시험해본 후 '효과 만점'이라는 결론을 냈으며, 에노모토 씨의 경우 스킨십 놀이의 '기본 사항'까지 고안해냈다.

인간의 '원시적인 감각'을 일깨워서 아이를 몰라볼 정도로 기운 넘치게 만드는 스킨십 놀이가 일본 각지에서 행해지고 있는 상황이다. 이 책이 여러 언어로 번역되어 '몸과 마음'이 날로 피폐해지고 있는 세계의 아이들에게 도움을 줄 수 있는 날을 손꼽아 기다린다.

이노우에 다카미쓰
(사쓰키 유치원 이사장)

나에게는 꿈이 있다. '스킨십 놀이'를 널리 알리는 것이다. 이 책이 출판되면서 실현가능한 목표가 되었다.

아이들에게 잃어버린 웃음을 되찾게 해주고, 골목골목에서 환성을 지르며 무리 지어 노는 아이들 본연의 모습을 다시 볼 수 있게 되기를 학수고대한다.

외국에 있다가 귀국한 사람들이 일본이라는 나라에 대해 말할 때 '아이들의 눈이 이렇게 흐릿하게 보이는 나라는 없다'라고 이구동성으로 말한다고 한다.

어떻게 하면 아이들의 눈을 빛나게 만들 수 있을까?

아이들은 자연 속에서 생활하면 눈이 맑게 빛난다. 실제로 도시 아이들을 자연 속에서 생활하게 하는 프로그램이 여러 곳에서 행해지고 있다.

그러나 그런 프로그램이 끝나고 집으로 돌아오면 다시 '돌부처'로 돌아가고 만다. 단기간의 교육보다 '일상생활'이 중요하다.

'일상생활의 중요성은 알지만 아이들에게 무엇을 해주어야 할지 잘 모르겠다'고 고민하는 부모들이 많다. 그런 엄마, 아빠에게 나는 스킨십 놀이를 권한다. 이 책은 스킨십 놀이의 실례들을 많이 소개하고 있으며, 스킨십 놀이를 하는 아이들은 활력을 되찾고 기분이 좋아지게 될 것이다.

이 책은 항상 기분이 좋은 아이를 키우는 데 많은 도움이 되리라 생각한다.

'기분이 좋다'는 것은 그 아이가 발달 단계에 맞는 생활을 하고 있다는 증거다.

스킨십 놀이는 의욕만 있으면 언제, 어디서든 가능하다. 유원지와 테마공원처럼 돈이 들지도 않는다. 일상적으로 행하면 아이의 몸과 마음은 물론 엄마, 아빠의 몸과 마음도 함께 건강해진다.

충분히 운동하면 사람의 몸은 건강을 유지할 수 있게 만들어져 있다.

스킨십 놀이는 유원지에 가는 것보다 즐겁다. 왜냐하면 세상에서 가장 좋아하는 엄마, 아빠가 이 매력적인 놀이를 함께 해주기 때문이다. 그리고 게임처럼 수동적인 방식이 아니라, 상대방과 마음을 교류하며 주체적으로 놀이를 창조해가기 때문에 아이들이 무척 즐거워한다. 주체적인 활동이야말로 아이들의 능력을 향상시킨다.

차례

·····················

# 제 1 장

# 뇌를 단련하면 왜 좋은가?

# 바깥에서 또래들과 지칠 때까지 놀았다!

지금 엄마, 아빠가 된 세대들만 해도 또래들과 함께 자연과 동네 골목을 누비며 자랐다. 어린아이는 형과 누나와 함께 밤이 이슥할 때까지 다양한 놀이를 했다. 겨울이 돼도 아이들은 '바람의 아이'라고 할 정도로 바깥에서 건강하게 뛰놀았다.

이처럼 예전의 아이들은 몸과 마음이 활발하고, 따뜻하고, 씩씩하게 성장했다.

그런데 도로가 포장되고 자동차가 늘어남에 따라 아이들이 길에서 노는 것이 위험해졌으며, 커다란 공장과 건물이 계속 들어서면서 놀이 장소도 점차 줄어들었다.

그리고 TV가 등장했다. 아이들이 볼 만한 재미있는 프로그램도 늘고, 리모콘으로 움직이지 않고도 채널을 바꿀 수 있게 되었다.

아이들은 TV에 빠져들었고, 비디오 게임이나 컴퓨터 게임이 늘면서 점차 집안에서 놀이거리가 많아지게 되었다. 이제는 아이들이 휴대폰을 들고 다니는 시대가 왔다.

부모들은 아이를 똑똑하게 키우려고 일찌감치 학원에 보낸다. 대부분의 아이들이 이와 비슷한 상황이라 함께 놀이를 할 수 없게 되었다.

일본에서는 1970년대 중반부터 눈에 띄게 '몸과 마음'의 변화가 일어났다. 그러한 변화가 지금까지도 계속되고 있으며, 문제는 점점 커지고 있다. 특히 사춘기 때 문제가 심각해 사회 문제가 되고 있다.

우선 아이들의 '몸과 마음'이 어떻게 변화했는지 살펴보도록 하자.

## 예전의 아이들은 바깥에서 오랜 시간 놀았다
지금의 아이들과 방과 후 바깥에서 노는 시간 비교

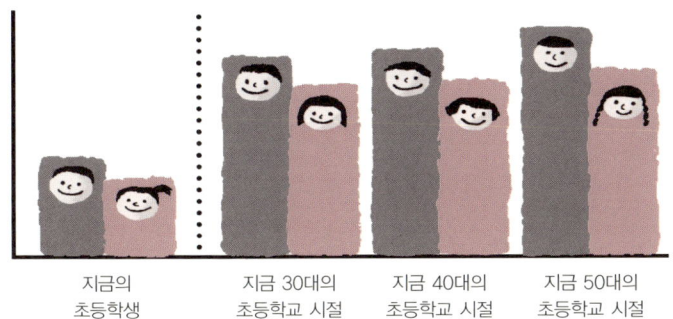

| 지금의<br>초등학생 | 지금 30대의<br>초등학교 시절 | 지금 40대의<br>초등학교 시절 | 지금 50대의<br>초등학교 시절 |

현재의 어른 세대가 어렸을 때는 방과 후에도 놀이를 할 시간이 충분히 있었다. 지금 30대인 엄마, 아빠들도 하루에 1시간 30분에서 2시간 정도 놀이를 했다. 그러나 지금의 초등학생들은 방과 후 바깥에서의 놀이 시간이 1시간 미만이다. 놀 장소가 없고 같이 놀 친구도 없다. 이런 현상에는 매력적인 실내 놀이의 증가와 학원 수업 등 여러 가지 원인이 있다.

## 지금의 아이들은 실내 놀이를 좋아한다
예전의 초등학생과 지금의 초등학생이 좋아하는 놀이 상위 5위권 비교

지금의 초등학생

1위
비디오 게임
(72.5%)

2위
트럼프
(62.6%)

3위
공놀이(59.1%)

4위
컴퓨터 게임
(55.2%)

5위
카드게임
(51.6%)

예전의 초등학생

1위
술래잡기(99.1%)

3위
무궁화꽃이 피었
습니다(96.7%)

2위
도깨비놀이
(98.6%)

4위
그네 타기
(96.7%)

5위
트럼프(96.2%)

예전의 초등학생 경우, 상위 다섯 가지 중에서 네 가지가 바깥 놀이였는 데 반해,
지금의 초등학생 경우는 반대로 상위 다섯 가지 놀이 중 네 가지가 실내 놀이다.

# 아이들의 '대뇌 · 전두엽'은 단계적으로 발달한다!

나는 운동 신경이 뛰어난 사람과 그렇지 않은 사람의 뇌가 어떻게 다른지 알기 위해 35년 전부터 대뇌신피질과 전두엽 연구를 계속해왔다. 컬러 TV의 보급이 막 시작될 무렵이었다.

대뇌신피질은 크게 네 개의 부위로 나뉜다(15쪽 그림).

마음의 움직임, 즉 생각과 감정과 의욕을 관장하고 있는 곳이 전두엽이다.

이 전두엽의 특징은 조사가 가능하다는 데 있다. '빨간 불이 켜지면 고무 공을 잡는다. 노란 불이 켜지면 공을 잡지 않는다'는 약속을 한 후 그 반응을 알아볼 수 있다. 잠시 후에는 반대로 '빨간 불이 켜지면 공을 잡지 않고 노란 불이 켜지면 공을 잡는다'는 약속을 하고 반응을 살펴본다.

이것은 '흥분'의 강도와 그것을 억제하려는 '억제력'의 정도를 통해 전두엽의 작용을 알아보려는 검사다.

전두엽의 작용에 따라 몇 가지 유형으로 나누어 살펴볼 수 있다. 먼저 흥분도 억제력도 그다지 강하지 않은 '불안정형'이라는 유형이 있다. 유아에게서 많이 나타나는 유형이다.

초등학교에 들어가면 이 유형은 대폭 줄어드는 반면, 활달한 아이가 많아진다. 흥분하기 쉽고 억제가 되지 않는 '흥분형'이라는 유형이다. 다시 말해서 '개구쟁이'가 된다.

그리고 고학년이 되면서 점차 억제력이 강해지고 흥분과 억제력이 균형을 이루기 때문에 그 둘 사이에 전환이 잘 되는 활발형, 즉 '어른형'이 된다.

이와 같이 아이들의 대뇌 전두엽은 순서에 따라 단계적으로 발달해간다. 1960년대 말 조사한 바에 따르면 '불안정형'은 연령이 올라가면서 줄고 반대로 '활발형'이 늘어간다. 즉, 정상적인 발달 과정인 것이다.

# 대뇌신피질의 전두엽 위치와 그 작용

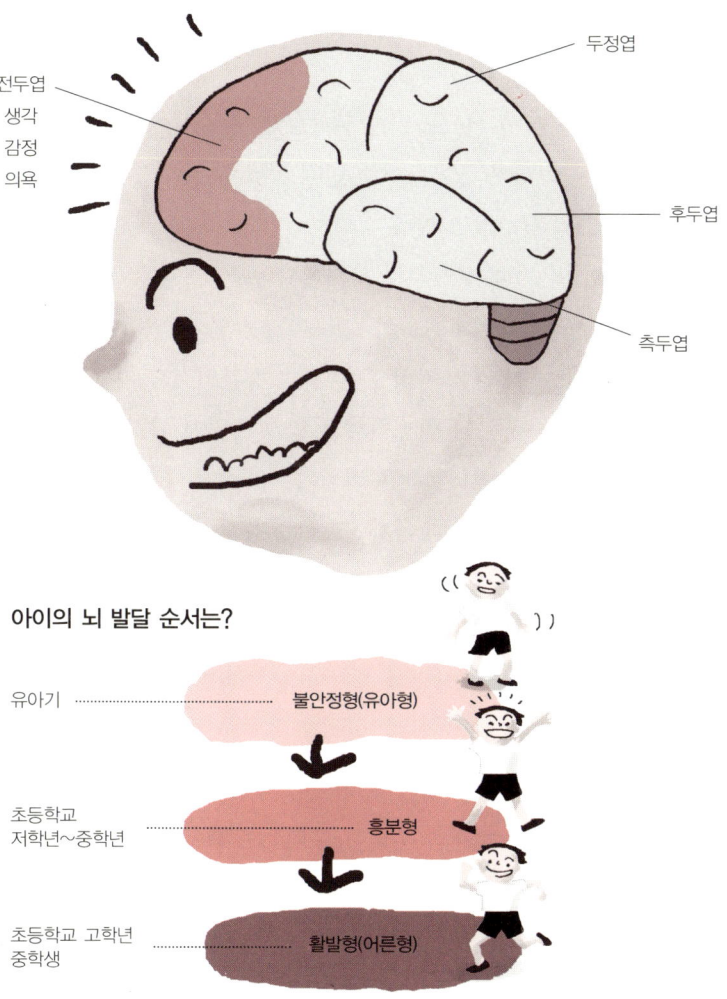

## 아이의 뇌 발달 순서는?

위 그림 : 대뇌신피질은 크게 네 부위로 나뉜다. 그중 이마 부분에 있는 전두엽은 생각ㆍ감정ㆍ의욕을 관장한다. 뒤에 설명하게 될 스킨십 놀이를 하면 전두엽이 활발하게 움직이고 '흥분과 억제' 가 잘 되어 집중력이 높아진다.

아래 그림 : 아이의 대뇌 전두엽의 활동 유형은 세 가지로 나뉘는데, '불안정형'으로 시작해서 다음에 는 '흥분형' 그리고 '활발형'의 순서로 발달해간다.

# 전두엽의 발달이 늦어지는 이유

TV가 확산되면서 아이들은 수동적으로 변해갔고, 몸을 활발히 움직여 함께 놀 수 있는 기회가 줄어든 1979년에 똑같은 조사를 해보니 이 대뇌 전두엽의 발달이 크게 달라져 있었다.

그후 기회 있을 때마다 전국 각지에서 같은 조사를 해보았지만 모든 지역에서 한결같이 전두엽의 변화가 나타난 것을 알 수 있었다.

최근 전두엽에 나타난 가장 큰 변화는 흥분의 강도가 좀처럼 커지지 않는다는 점이다. 즉, 흥분과 억제력의 정도가 강하게 나타나지 않는 '불안정형'의 아이가 상당히 늘어났다는 사실이다.

최근의 아이들은 조기 교육과 TV 시청 등으로 많은 지식을 받아들이기 때문에 언뜻 보면 똑똑해 보인다. 그러나 전두엽의 발달이라는 측면에서 보면 '유아형' 아이가 상당히 많이 늘어나고 있는 추세다.

즉, 집중력이 없고 불안정한 유형이다. 초등학교에 들어가도 이 유형의 아이들은 좀처럼 줄지 않고 있다. 아이들이 정상적인 발달을 한다면 이런 유형의 아이는 줄어들고 흥분형이 늘어야 한다.

10년 전쯤부터는 수많은 초등학교에서 '수업을 할 수 없게 되었다'는 이야기가 나오기 시작했다. 나는 그 원인의 하나가 전두엽에서 흥분의 정도가 강해지지 않았기 때문이라고 생각한다.

예전에는 아이에게 흥분의 강렬함이 자연스럽게 길러졌기 때문에 이 강한 흥분을 억제하는 방법을 가르치는 것이 유아 교육의 과정이었다. 그런데 아이의 뇌 발달 모양이 변하면서 '흥분의 강도'는 이제 중대한 문제가 되었다.

강하게 흥분하는 아이가 정상적으로 발달하고 있다고 생각할 수밖에 없는 상황이 되었다.

## 불안정형(유아형)이 좀처럼 줄어들지 않고 있다

연도별 불안정형의 비율 변화에 대한 비교

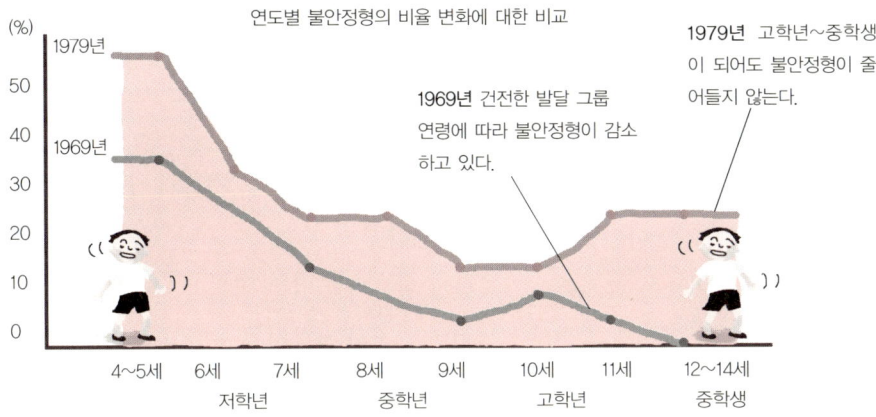

1969년 조사에서는 초등학교에 들어가면 줄어들었던 불안정형(유아형)이 1979년 조사에서는 좀처럼 줄어들지 않고 있다. 저학년에서 수업 중에 돌아다니거나 떠드는 아이가 늘어서 수업을 할 수 없을 정도다.

## 흥분형이 나타나는 시기가 늦어지고 있다

연도별 흥분형 비율 변화에 대한 비교

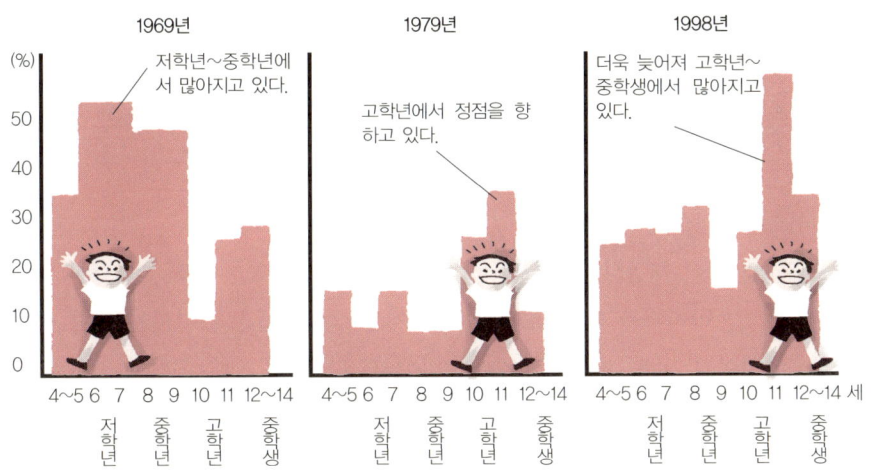

초등학교 저학년에서 중학년에 이르는 시기에 나타나는 '흥분형'의 출현이 늦어져서, 고학년이나 중학생이 되어 출현하게 되었다. 체력이 붙고 흥분이 강해짐에 따라 저학년에서 생기는 문제와는 전혀 다른 문제가 발생하고 있다.

# 흥분의 강렬함이 나타나는 시기가 늦어지고 있다!

앞에서 말했듯이, 전두엽에서 흥분의 정도가 좀처럼 강하게 발달하지 못한다는 점이 요즘 아이들의 가장 큰 문제다.

요즘 아이들은 겉으로는 건강하게 활동하고 있는 것처럼 보이지만 대부분의 아이들은 장시간 집중하는 놀이에는 전혀 적응하지 못한다.

초등학교 저학년에서는 선생님의 이야기를 1분도 제대로 못 들을 정도로 집중력이 떨어지는 아이가 늘어나고 있다는 문제점이 계속해서 지적되고 있다. 이러한 아이들이 '주의력 결핍 과다행동 장애(ADHD)'로 오진을 받는 사례도 있다고 한다.

흥분의 강렬함이 나타나지 않아서 생기는 문제는 이뿐만이 아니다. 초등학교 저학년과 중학년 시기에 흥분이 강해지면 좋겠지만, 체력이 강해진 다음 흥분이 강렬해지면 상당히 심각한 사태를 초래할 수도 있기 때문이다.

나는 초등학교와 중학교에서 수업을 할 수 없는 교실 붕괴가 일어나는 이유가 바로 이와 같은 전두엽 발달의 지연에 있다고 생각한다. 그러므로 유아기부터 전두엽의 흥분이 강렬하게 일어나도록 키우는 방법이 앞으로의 육아에 중요한 과제가 될 것이다.

이전까지는 그다지 신경쓰지 않고 생활을 해도 흥분의 강도가 순차적으로 발달하고 '아이다운 아이'로 자랐지만, 지금의 아이들은 아이다워야 할 시기에 '아이답지 않게' 성장한다. '빼앗긴 어린 시절'이라고 해도 좋을 것이다. 이제 아이에게 빼앗긴 어린 시절을 되찾아주는 방법을 생각해야 할 시점이다.

# 혼란스러운 초등학교 교실의 모습

초등학교 선생님들이 '자주 있다' 혹은 '때때로 있다'고 말한 모습들의 합계

수업이 시작되어도 곧바로 노트와 교과서를 꺼내지 않는다. 88.5%

시험지와 가정통신문을 찢거나 버린다. 51.7%

수업 중에 일어나 걸어다닌다. 65.7%

수업 중에 지우개와 물건을 던진다. 48.5%

수업 중에 무단으로 교실을 나간다. 23.5%

초등학교에서 수업 중에 일어나 걸어다니거나 교실을 나가는 등의 '교실 붕괴' 현상이 일상화되고 있다. 그밖에 '수업 중에 친구를 때리거나 장난을 친다'는 항목도 65.7%라는 높은 수치를 보이고 있다.

# '발달의 역진행'과 '억제형'이 나타나고 있다

전두엽 발달 과정에서 '발달의 역진행'이라는 문제도 생기고 있다.

이 현상은 연령이 올라감에 따라 흥분과 억제력이 강해져서 이 둘의 전환이 유연하게 이루어지는 '활발형'으로 순차적인 진행을 하지 않고, '활발형'이었던 아이가 '흥분형'으로 돌아오거나 '불안정형(유아형)'으로 되돌아가는 것을 말한다.

최근의 중학생은 어린아이 같다는 말을 자주 하는데 이러한 현상과 관련이 있는 듯하다. 이러한 '발달의 역진행'은 이상하게도 남자아이들에게 많이 보인다. 마치 9~10세 사이에 '벽'이 가로막고 있는 듯하다.

남자아이들이 이 '벽'을 뛰어넘기 위해서는 9세 전까지 충분히 흥분의 강도를 발달시켜야 한다.

## '억제형'이 출현했다

최근에는 많은 아이들이 흥분의 강렬함이 발달하기 전에 '억제력'의 강렬함이 발달하는 모습을 보여 어른들을 긴장시키고 있다.

이와 같이 '왜곡된' 발달 모습은 중국의 엘리트 집단 아이들이 다니는 '실험유치원' 조사에서도 발견되었다. 이것은 지나친 조기교육의 결과로 보인다.

일본의 초등학교에서 발견된 '억제형' 아이는 대부분 가정교육이 엄한 가정의 아이들이었다.

이처럼 억제의 강도가 흥분의 강도보다 앞서 발달하는 것은 부자연스러운 현상이다. 원래 아이들의 전두엽은 흥분 쪽이 먼저 발달하기 때문이다.

이러한 '억제형' 아이들은 뇌의 발
달 순서대로가 아니라 부자연스럽게
억제되고 있기 때문에 어떤 시점에
이르면 억제력이 갑자기 '단절'되는
문제가 발생할 수 있다.

이와 같이 '억제력'이 먼저 발달한
아이들에게는 '그렇게 무리해서 좋
은 사람이 되려고 하지 않아도 좋아
요'라고 말해주고, 흥분의 강도를 발
달시킬 수 있도록 진지하게 대응해줄 필요가 있다.

조금은 소란스럽게 큰 소리로 떠들고 돌아다녀도 부모는 침착하게 참으면
서 자유롭게 해주며, 정도를 벗어났을 때 약간 혼내는 정도로 아이를 대해야
한다.

## 1969년에는 없었던 억제형 출현
### 연도별 억제형의 비율 변화 비교

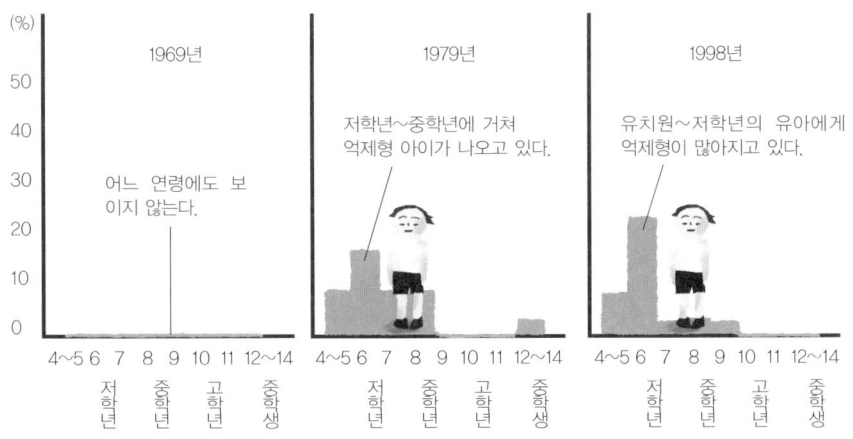

최근 들어 '억제형' 아이들이 늘어나고 있다. 1969년 조사 때에는 없었던 유형이다. 무리하게 억제를
시켜서 '착한 아이'가 되는 것보다 아이는 아이답게 개구쟁이인 편이 낫다.

# 스킨십 놀이로 전두엽이 활성화된다!

전두엽을 발달시키는 연구를 하다가 우츠노미야 시의 사쓰키 유치원에서 우연히 스킨십 놀이를 보게 되었다.

사쓰키 유치원에서는 아이들의 건강을 위해, 낯설기는 하지만 냉수마찰을 시키곤 했다. 그러다가 겨울이 되었고, 칼바람이 부는 추위 속에서 냉수마찰을 즐겁게 하려면 '그 전에 무엇을 해야 좋을까' 라는 문제에 부딪혔다.

선생님들은 아이들과 여러 가지 놀이를 해보면서 스킨십 놀이가 가장 획기적인 놀이라는 사실을 깨달았다.

그래서 매일 아침 여덟 시 반에서 아홉 시까지 스킨십 놀이를 시작했다(이 부분의 내용은 3장을 참조하기 바란다).

사쓰키 유치원에 있는 베테랑 선생님들의 훌륭한 직감으로 전두엽이 가장 활성화되는 놀이가 발견된 것이다. 이 놀이를 시작한 후 아이들의 전두엽은 매우 발달했으며, 이후 스킨십 놀이가 24년 동안 계속되고 있다.

연구자들은 매년 사쓰키 유치원 아이들의 전두엽을 조사하고 있다. 그 결과, 스킨십 놀이의 성과는 예상보다 훨씬 대단했다. 스킨십 놀이는 전두엽에서 흥분의 강렬함을 발달시킬 뿐만 아니라 억제력의 강렬함도 한순간에 발달시킨다는 사실을 발견했다.

유아인데도 '활발형' 아이들이 대단히 많아졌다(23쪽 그림).

## 사쓰키 유치원에는 활발형 아이들이 많다

사쓰키 유치원의 아이들과 보통 아이들의 활발형 출현 비율 비교

매일 스킨십 놀이를 하는 사쓰키 유치원에는 활발형 아이들이 매우 많다. 40~50퍼센트라는 수치는 초등학교 중학년~고학년 정도의 수치다. 1979년의 보통 아이들과 비교해보면 그 차이가 확연하다. 사쓰키 유치원에서는 눈이 반짝이는 활발형 아이들을 많이 볼 수 있다.

# '힘들다'고 말하지 않는 사쓰키 유치원의 아이들

스킨십 놀이는 선생님이 한 아이를 붙잡고 '스킨십'이라고 외치면서 시작된다. 그러면 아이들은 '선생님을 붙잡자!'라고 말하면서 선생님을 향해 달려간다.

처음에는 스킨십 놀이 때문에 아이들의 모든 에너지가 소진되지 않을까 걱정될 만큼 놀이가 격렬했다. 그러나 이 놀이를 하지 않는 날은 아이들끼리 서로 붙잡고 놀이를 하기 시작했고, 도중에 말리지 않으면 아무리 힘들어도 하루 종일 계속했다.

체육대학의 형과 누나들이 상대를 해주며 스킨십 놀이를 한 시간 반 정도 해도 아이들은 '힘들다!'란 말을 하지 않았다.

요즘에는 금세 힘들다고 하는 아이들이 많은데, 사쓰키 유치원의 아이들은 전혀 피곤한 기색도 없고 '힘들다'는 말도 하지 않는다.

스킨십 놀이는 우선 여러 사람과의 스킨십 효과가 있다. 바로 '껴안기'를 할 때의 효과다. 또한 '부딪히는' 레슬링 효과도 있다. 그리고 도망가거나 쫓아갈 때는 '도깨비 놀이'의 효과와 커뮤니케이션 효과도 있으며, 그밖에도 아이들의 발육을 촉진시킬 수 있는 수많은 요소들이 스킨십 놀이에 내포되어 있다.

선생님이 먼저 유도하기도 하고 아이들이 먼저 놀이를 시작하기도 한다. 놀이가 막 시작될 때에는 사물함 뒤에 숨어 있는 아이도 있다. 하지만 곧 모두 흥분해서 놀이에 빠져든다.

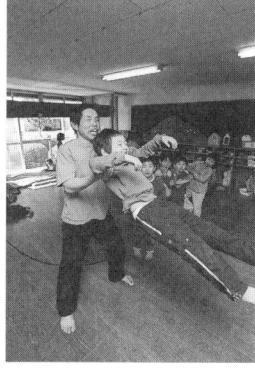

위 사진 : 칙칙폭폭 놀이. 친구끼리 열차를 만들거나 엄마의 '어부바 열차'에 타고 계속 연결한다. 어린 아이들이 승객 역할을 하고 큰 아이, 작은 아이, 엄마 모두 함께 놀이를 한다.

아래 왼쪽 사진 : 자, 몇 사람까지 올라갈 수 있을까! 77쪽에 소개된 '토템폴(탑 쌓기)' 놀이. 아이들은 도전정신으로 가득 차 있다. 사진은 거울 앞에서 도전하고 있는 모습이다. 모든 아이들이 즐거운 표정을 짓고 있다.

아래 오른쪽 사진 : 하나, 둘, 셋 하고 공중에서 뒤로 회전하며 선생님의 등에 타는 스릴 만점인 놀이다. 아이들이 줄을 설 정도로 인기 있는 놀이다.

# 스킨십 놀이 후에는 집중력이 향상된다

스킨십 놀이를 그만둘 수 없는 이유 중의 하나는 이 놀이 뒤에 흥분과 억제력이 단번에 올라가, 놀라운 '집중력'이 생기는 성과가 있기 때문이다.

아이들은 스킨십 놀이 후에 선생님의 이야기를 더욱더 집중해서 듣고, 어떤 일에나 잘 집중하게 된다. 격렬하게 놀면서 순간적으로 멋지게 기분을 전환한 다음 실내에서 해야 할 일에 몰두할 수 있다는 것이 바로 이 놀이의 매력이다.

나는 기회가 있을 때마다 사쓰키 유치원의 사례를 들면서 스킨십 놀이의 효과를 소개했다. 그런데 언젠가 어느 유명한 유아교육 단체로부터 '이런 놀이를 해도 아이들은 똑똑해지지 않아요!'라는 비판을 받았다.

분명히 스킨십 놀이는 아이들을 금세 똑똑하게 만들지는 못한다. 그러나 이 놀이를 통해 전두엽의 흥분과 억제력의 정도가 강해지면서 뛰어난 집중력이 길러진다. 그래서 나는 '학교에 들어가면 반드시 똑똑해질 테니 잘 지켜보라!'고 말한다.

사쓰키 유치원에서 시작된 스킨십 놀이는 그후 초등학교, 중학교, 고등학교에도 적용되어 그 효과가 입증되고 있다.

위 사진 : 선생님의 이야기를 듣는 표정이 대단히 진지하다. 바로 1~2분 전까지도 격렬한 스킨십 놀이를
한 아이들의 이 전환이 얼마나 놀라운가!

아래 사진 : 스킨십 놀이가 끝난 직후, 교실에 모여 수업을 받고 있다. 돌아다니거나 떠드는 아이는 전혀
없다. 아이라고는 생각할 수 없을 정도로 집중력이 있는 모습이다.

# 아이를 키우는 지혜는 '끌어안기'와 '간지럼'에 있다

6~7년 전 WHO(세계보건기구)의 모자보건부장이었던 마크 벨시를 초청해서 아이 키우기의 지혜에 대해 들은 적이 있다.

그때 벨시가 이야기한 아이 키우기 지혜는 '결속'과 '신체 접촉'에 있었다. 나는 그것을 '끌어안기'와 '간지럼'으로 이해했다. 이 두 가지가 아이를 키우는 기본이며, 여기서부터 여러 가지 문제가 해결된다.

나는 벨시의 이야기를 들으면서 사쓰키 유치원의 스킨십 놀이를 떠올렸다. 끌어안기도 하고 간질이기도 하는 것은 인류 공통의 놀이이며, 아이 키우기의 지혜였다는 사실을 새삼 깨닫게 되었다.

조용한 아이, 즉 울지도 않고 웃지도 않는 등 감정이 결핍되어 커뮤니케이션을 하기 어려운 아이도 있다. 또 장시간 비디오 시청을 해서 부모와 눈을 마주치기 힘든 아이도 있다. 이러한 아이들에 대한 대책으로 '많이 끌어안고' '눈을 많이 쳐다보라'고 조언을 한다.

비디오를 본 시간과 똑같은 시간 동안 몸을 움직이게 하면 눈과 눈을 마주칠 수 있게 된다는 반가운 보고도 있다.

다양한 육아의 문제는 이제 끌어안기와 간지럼을 포함한 스킨십 놀이로 해결될 것이다.

## 놀이에 집착할 때

아오모리 현 모리다 마을의 유치원에서 아이들이 매일 하자고 졸라서 일 년 내내 했던 놀이가 '절벽 오르기'였다. 이렇게 아이들이 원하는 놀이를 계속함으로써 울고, 웃고, 토라지는 등 감정 변화가 풍부해진다는 사실이 보고되었다.

아이들의 몸은 혹시 '집착할 대상'을 원하고 있지는 않을까!

똑같은 놀이를 지나치게 반복하는 행동을 염려하는 사람들도 있지만, 지겨워질 때까지 해보면 '이 일은 쉽다'고 생각하게 되고, 그 다음에 '하고 싶은 것'을 찾아내어 새로운 놀이에 빠져들게 된다.

아이들이 흥미를 갖는 놀이를 반복하고, 약간 다른 놀이도 맛보게 하면서 아이들이 열중해서 계속할 수 있는 놀이가 무엇인지 찾아보자. 그리고 그 놀이에 충분히 빠질 수 있도록 해준다.

### 어깨를 이용해서 놀이하기

최근 문제가 있는 아이들에게 어깨를 사용하는 놀이를 하게 해 성과를 올리고 있다. 지금까지는 손과 손가락을 사용하는 놀이가 아이들의 성장에 도움이 된다고 여겨져서 권장되어왔다.

그러나 인간은 손 사용 이전 단계에서 어깨를 사용해 대뇌로 많은 자극을 보내고 흥분 수준을 높여서 다양한 학습이 가능해진 것은 아닌가라는 가설이 제기되고 있다.

생활이 편리해지면서 어깨를 사용하는 일이 점차 줄어들고 있다. 2장에서 소개하는 스킨십 놀이 중에도 어깨를 사용하는 놀이가 많이 있으니 아이들과 함께 꼭 도전해보기 바란다.

반드시 아이들의 눈은 반짝반짝 빛날 것이고 전두엽이 활발하게 작용할 것이다.

# 걸레질과 씨름으로 허리 힘을 기른다!

'TV, 비디오 중독'인 최근의 아이들은 의식적으로 몸을 움직여서 놀지 않으면 몸을 균형 있게 발달시킬 수 없다.

그중에서도 중력에 맞서 무거운 머리를 들고 있는 등의 근육이 충분히 발달하지 않으면 문제가 발생한다. 등 근육은 사실 허리의 힘과 밀접한 관련이 있다. 최근에 아이들의 체력이 갈수록 떨어지고 있다고 하는데, 무엇보다도 누군가를 '업고' 걸을 수 있을 정도의 허리와 다리의 힘을 길러줘야 한다.

사이타마 현의 어느 초등학교에서는 주 1회 줄다리기 대회를 열어 허리 힘을 길러주고 있다. 아이들의 허리와 다리 힘을 보다 더 강화하기 위해서는 '발 구르기'나 '씨름' 등을 생활 속에 활용하여 스킨십 놀이처럼 일상화된 놀이로 만드는 게 좋다.

세계적으로 아이들의 등뼈가 옆으로 기우는 '척추 측만증'이 늘어나면서 문제가 되고 있다. 이 증상을 가정에서 고치기 위해 폴란드에서는 걸레질같이 집에서 할 수 있는 일들을 권장하고 있다. 걸레질은 등의 근육을 단련시키는 효과가 있기 때문에 집안에서의 걸레질은 아이들의 일로 정해서 매일 하게 하면 좋다.

# 허리를 이용한 동작을 해보자

허리를 단련할 수 있는 놀이인 집안 일

걸레질

친구 업기

씨름

생활 속에서 허리를 이용한 움직임이 적어지고 있는 탓에 아이들의 체력 중에서 허리 힘이 계속 약해지고 있다. 걸레질을 일과로 시키거나, 씨름이나 업기 놀이를 해서 의식적으로 허리를 움직이려는 노력을 해야 한다.

# 체력 증진, 땀을 흘리며 놀자!

체력이라는 말에는 행동 체력과 방어 체력이라는 의미가 있다.

방어 체력이란 체온 조절, 병에 대항하는 면역력, 스트레스에 적응하는 저항력 등을 말한다.

오늘날에는 행동 체력보다도 방어 체력이 발달하기 어렵다는 점이 문제다. 이렇게 체력 발달이 저하된 이유는 쾌적하고 편한 생활에 익숙해졌기 때문이다. 세상은 점차 몸을 움직이지 않아도 되는 수동적 생활로 변하고 있다.

세계의 어린이들이 바깥에서 잘 놀지 않는다는 실상을 파악한 WHO는 성인의 생활습관 때문에 생기는 병이, 점점 그 연령층이 낮아지지는 않을까 걱정하고 있다. 그러나 바깥에서 놀지 않기 때문에 일어나는 몸의 문제는 신경계에 먼저 나타날 것이라는 예측이 일본 아이들의 몸과 마음의 변화를 조사해온 연구자들의 견해다.

갑자기 일어났을 때 혈압이 낮아지고 이것을 원래대로 복구하려는 기능이 자율신경계의 역할이다. 바로 이 기능이 둔해져서 시간이 지나도 혈압이 올라가지 않는 아이들이 늘어나고 있다. 조회 시간에 쓰러지는 아이가 늘어나는 이유도 이 때문이다.

## 체온 조절을 하지 못하는 아이가 늘고 있다

최근에는 체온 조절 기능이 발달하지 않은 아이들이 늘어나고 있다.

아기는 기온이 상승하면 체온도 올라가는 '변온 동물'에 가깝지만 2~3세가 되면 기온이 올라가도 체온을 일정하게 유지하는 '항온 동물'로 변해간다. 그러나 아무리 시간이 지나도 항온 동물로 발달하지 않는 아이들이 많아지고 있다. 이러한 변화는 예상치 못한 일이다.

이제는 '인간으로서 정상적으로 성장하고 지혜로운 인간으로 발달하는 것'을 신중하게 재고해야 할 시점이다.

그렇다면 방어 체력을 기르기 위해 어떻게 하면 좋을까?

하루에 한 번 정도는 야외에서 땀을 낼 수 있는 놀이를 하고, 밤 10시에는 잠자리에 들도록 하는 방법이 효과적이다.

추위도 야외에서 놀아보고, 특히 도깨비 놀이를 열심히 하는 것도 좋다. '아이 때'는 아이답게 놀아야 한다. 몸을 움직이는 일이 즐겁다는 기분을 아이들이 충분히 느낄 필요가 있다.

### 스킨십 놀이로 땀을 흘리자!

요즘 전세계에서 일어나는 아이들의 몸과 마음의 변화는 지금의 부모들이 어렸을 때부터 시작된 것이므로, 21세기의 아이들에게는 그 변화의 폭이 훨씬 더 클 것이다. 이제는 부모들도 자신의 문제로 인식해야만 한다.

어깨와 허리가 약해지는 행동 체력의 저하뿐만 아니라 그 이상으로 중요한 방어 체력을 길러주기 위해, 그리고 부모 자신의 건강도 지키기 위해 아이들과 혼연일체가 되어 적어도 하루에 한 번은 몸을 충분히 움직여 땀을 흘리는 습관을 길러야 한다.

스킨십 놀이는 집안에서도 땀을 흘리며 할 수 있는 놀이이므로 초등학교에 들어가기 전까지의 아이와 부모에게 권장하고 싶다.

2장에서 소개하는 놀이를 참고로 부모와 아이가 즐길 수 있는 놀이를 찾아내서 반드시 해보기 바란다.

# 제2장

# 집에서 해보자, 스킨십 놀이!

**이노우에 다카미쓰**
**노지리 히데**

아이와 어른 모두 놀이를 하면서
다치지 않도록 주의하자. 아이들의 발달상황과
운동능력, 부모의 체력을 고려해서
무리하게 놀이를 하지 않도록 한다.

# 집에서 스킨십 놀이 하기

스킨십 놀이는 24시간 계속할 수 있는 놀이다. 이제 가정에서 할 수 있는 놀이를 소개하겠다. 다음은 사쓰키 유치원의 이노우에 이사장이 오랜 경험을 바탕으로 제시한 주의 사항과 놀이할 때 알아두어야 할 점들이다.

## 1. 스킨십 놀이란 무엇인가

'스킨십 놀이'란 '간단한 스킨십을 포함한 모든 종류의 놀이'이기 때문에 놀이의 종류는 아주 다양하다.

스킨십 놀이의 진수는 달라붙어 장난을 치는 것이다. 강아지 같은 포유류의 새끼들이 이 놀이의 좋은 모델이다. 강아지들이 얼마나 장난을 잘 치는지 금세 알 수 있다.

달라붙어 장난을 치는 것에는 정해진 형태가 필요 없다. 즉, 규칙이 없고, 상당히 자유로운 놀이라는 점에서 다른 놀이와 차별된다. 서로 달라붙어 장난을 치면서 부모와 아이가 지혜를 짜내기도 하고, 새로운 스킨십 놀이를 만들기도 한다.

그렇지만 처음 하는 사람들은 당황할 수 있다. 이 책에서는 참고로 '이렇게 놀이를 하면 어떨까요?'라는 의도로 다양한 스킨십 놀이를 그림과 함께 소개하고 있다.

차례대로 모두 해볼 필요는 없다. 부모와 아이가 같이 할 수 있고, 또 즐겁게 할 수 있는 놀이부터 해보자.

처음 해보면 지치거나 어깨와 허리가 아플 수도 있다. 피곤하면 무리하지 말고 앉아서 쉬거나 눕기도 하면서 몸에 부담을 주지 않도록 한다. 스킨십 놀이의 핵심은 서로 달라붙어 스킨십을 하는 것이므로 강아지처럼 누워서 서로 붙잡고 뒹굴어도 좋다.


## 2. 스킨십 놀이의 매력

사쓰키 유치원에서는 졸업하기까지 3년 동안 하루 30분씩 신나게 스킨십 놀이를 한다. 그 정도로 매력적인 놀이다(실례는 3장에서 자세히 설명).

스킨십 놀이에는 도망가고, 쫓고, 밀고, 당기고, 붙잡고, 매달리고, 안고, 밟고, 부딪히고, 부딪히지 않도록 피하고, 점프하고, 여럿이 힘을 합치고, 뒹굴고, 갑자기 일어나는 등의 다양한 동작과 운동이 포함되어 있다. 아마도 이렇게 움직임이 많은 놀이는 없을 것이다.

사람들은 30년 전까지만 해도 생활하고 일하면서 몸을 많이 사용했다. 그러나 지금은 환경이 바뀌어 몸을 자주 움직이지 않는다. 인간은 몸을 충분히 사용함으로써 건강이 유지된다. 스킨십 놀이는 아이와 더불어 엄마, 아빠의 건강에 도움을 줄 수 있다.

# 3. 어른들도 아이들처럼 놀이에 푹 빠진다

아이들은 신바람이 나면 무엇이든 있는 힘껏 최선을 다한다. 그러다 보면 체력이 붙고, 체력과 근력이 붙으면 더욱 다양한 도전을 할 수 있게 되면서 운동능력이 향상된다.

하지만 주의해야 할 점이 있다. 스킨십 놀이로 심신의 능력이 증대되고, 대뇌의 전두엽이 잘 발달된다고 해도 그것을 목적으로 이 놀이를 해서는 안 된다.

그런 효과는 스킨십 놀이에 푹 빠져서 놀이를 하는 사이에 부산물로 얻어지는 선물이다. 근력이 강해진다, 몸이 튼튼해진다 등 여러 가지를 생각하며 스킨십 놀이를 하면 아이들과 함께 혼연일체가 되어 놀이를 즐길 수 없다.

아이들은 어른들과 다르다. 순수하게 놀이에만 푹 빠질 수 있다. 스킨십 놀이를 할 때 상대방인 부모들도 놀이를 즐기자. 아이들처럼 놀이에 몰두한 어른은 스트레스로부터 해방되고 편안한 기분을 느낄 수 있으며 커다란 만족을 얻을 수 있다. 어른이 마음을 다해 놀이를 즐긴다면 반드시 아이들도 즐거워할 것이다. 스킨십 놀이는 유원지에 가는 것보다 더 재미있는 놀이가 될 수 있다.

부모라는 무거운 빗장은 풀어버리고 동심으로 돌아가 아이와 함께 놀이를 즐기자.

## 4. 안고, 간질이고, 아이들의 동작 흉내내기

사실 아이들과 어떻게 놀아야 할지 모르는 어른들이 많다. 우선 스킨십의 기본인 안기부터 시작하자. 안으면서 흔들기도 하고 높이높이 치켜올려보자. 또 아이를 업고 말 타기를 한다거나 도망치기 놀이, 씨름, 간질이기 등 간단한 것부터 시작해보자.

스킨십 놀이를 처음 하는 아이들은 잡으러 간다 하면서 쫓아가거나, 배꼽 간질이기를 하는 정도만으로도 즐거워한다.

아이들의 동작을 그대로 흉내내보는 놀이도 해본다. 자기를 흉내내는 것을 보고 아이는 재미있어하며 그에 맞춰 장난을 치고, 익살을 떨기도 하고 얼굴을 일그러뜨리기도 한다. 엄마, 아빠도 웃음을 참지 못해 폭소를 터뜨리게 된다. 이렇게 부모와 아이가 서로 웃으면서 안거나 업고 또는 다른 동작으로 발전시킨다.

아이가 이불이나 커다란 포대기 밑에 숨어 있으면 살며시 안을 들여다본다. 어두운 곳에서 숨을 죽이고 있다가 다가가면 마치 둘만의 비밀스러운 공간이 만들어진 듯 스릴을 즐길 수 있다.

## 5. 아이가 계속해서 놀이를 하자고 할 때

아이가 너무나 재미있어하며 스킨십 놀이를 계속하자고 할 때가 있다. 이러한 놀이와 흥분을 자주 경험해보지 못한 아이들의 경우에 더욱 그렇다. 그러나 부모에게도 휴식이 필요하다. 부모가 지쳐서 피곤하면 아무것도 되지 않는다. '오늘은 엄마가 피곤하니까 이제 그만하

자. 스킨십 놀이는 내일 또 하자'라고 아이에게 확실히 약속을 한 후 그만둔다.


## 6. 이불 위에서 놀아보자

이불은 훌륭한 놀이 도구다. 아이들은 엄마같이 부드럽고 따뜻한 이불을 좋아한다. 처음으로 스킨십 놀이를 할 때는 반드시 이불을 이용해 놀이를 해보자.

아침에 이불에 누워 있는 아이를 간지럼 태우면서 하루를 시작해보자. 따뜻한 피부가 서로 맞닿으면 잠에서 쉽게 깨어날 수 있다. 아침에 자주 응석을 부리는 아이에게 간지럼은 상당히 효과적이다. 혼을 내면서 무리하게 깨우기보다는 즐거운 스킨십으로 뇌를 깨우면 아이는 확실하게 잠에서 깬다.

다만 자기 전에 스킨십 놀이를 하면 지나친 흥분으로 아이가 잠을 못 잘 수도 있다는 점을 기억해두자. 흥분이 계속되면 전두엽을 억제하는 기능도 강해지지만, 억제하는 기능이 강해지기까지 시간이 오래 걸리는 아이도 있다. 그런 아이들에게는 잠자기 직전에 스킨십 놀이를 하지 않거나 놀이를 할 경우에는 가볍게 해서 지나치게 흥분하지 않도록 주의한다.

## 7. 난폭한 남자아이와의 놀이

　남자아이들 중에는 거칠게 놀기를 좋아하거나 힘 자랑을 하는 아이들도 있다. 싸움처럼 격렬한 놀이를 아주 좋아한다.

　엄마와 놀던 아이가 한 곳에만 힘을 세게 가하고, 차고, 주먹질을 해대면 아플 수도 있다. 그럴 때는 '아파!'라고 말하면서 표현을 해야 한다. 그래도 격렬한 행동을 계속하면 그날은 놀이를 그만두는 것이 좋다. 시간이 지나면 상대방을 생각하며 놀이를 할 수 있게 된다.


## 8. 큰 상처가 나지 않도록 주의하자

　작은 상처는 아이들의 훈장이라고 생각하자. 고통을 경험해보지 못하면 다치지 않으려는 자기 방어 능력이 길러지지 않는다. 그리고 다른 사람의 고통에도 공감할 수 없다.

　안전을 생각하면서 아이를 지켜보고, 아이의 반응을 고려해서 움직여준다. 부모가 그렇게 아이의 마음을 이해하려고 노력하면 아이에게는 자연스레 상대방을 배려하는 마음이 생긴다.

　다만 처음으로 스킨십 놀이를 하거나 2~3세의 어린아이인 경우에는 큰 상처가 나지 않도록 주의하자. 특히 유아들은 몸에 비해 머리가 크고, 머리를 자신의 근육으로 지탱할 힘이 아직 없기 때문에 넘어졌을 때 머리를 강하게 부딪힐 가능성이 있다. 또한 눈이 다치지 않도록 주의하자. 눈은 신체 부위 중에서도 신경망이 특히 밀집돼 있기 때문에 아주 미세한 먼지가 들어가도 심한 통증을 느낄 수 있다.

만약 아기가 놀이를 시작하는 처음부터 다치게 되면 놀이를 무서워하며 피할 수 있다. 처음에는 담요와 카펫, 이불처럼 부드러운 천을 깔아 놓고 놀이를 하자. 주변 사물에도 주의를 한다. 가구와 TV처럼 단단한 물건, 형광등처럼 깨지기 쉬운 물체로부터 아이를 가능한 한 멀리 떨어뜨려 놓고 놀이를 한다.

머리핀, 안경, 브로치 또한 놀이를 할 때는 착용하지 말아야 한다. 위험을 막기 위해 장난감은 따로 정리해두고 물건을 던지지 않겠다는 약속도 미리 받아둔다.

가벼운 상처는 아이들의 훈장이지만 후유증이 남는 커다란 상처는 피해야 한다.

## 스킨십 놀이의 기본

아이들은 엄마, 아빠가 안아주고 업어주는 것을 아주 좋아한다. 몸 비비기, 안기, 간지럼처럼 스킨십이 풍부한 동작만으로도 아이들은 까르르 웃으며 즐거워한다. 여기에서 소개하는 일곱 가지 스킨십 놀이는 모든 아이가 금방 따라할 수 있는 기본적인 놀이다. 처음 스킨십 놀이를 할 때는 이중에서 선택해 시작해보자.

## 1. 몸 비비기

어른이 앉은 자세에서 아이와 눈높이를 맞춘다. 무릎 위에 아이를 올려놓고 이마를 비빈다. 그리고 강아지처럼 뒹굴며 놀이를 한다. 부드럽게 머리를 쓰다듬기도 하고, 몸을 문질러 주고, '푸푸푸' 하면서 눈을 맞추기도 한다. '우리 아기 코 만져볼까?' '귓속에 뭐가 있나 볼까?'라며 다정하게 말을 건네고 '후—' 하고 입김을 불어넣어준다.

'이마와 이마를 살짝 부딪히기' '볼과 볼 비비기' '코와 코 문지르기' 등 스킨십을 즐긴다. '예쁜 우리 아기 손 좀 보자!' 라고 말하며 누워서 몸을 아이에게 붙이기도 하고 밀어내기도 한다.

**엄마, 아빠에게**

안는 동작은 스킨십의 기본 중의 기본이다.
아이의 모든 것을 받아들인다는 기분으로 안
아주자. 우선 아이의 얼굴을 쳐다보며 아이에
게 이야기를 건넨다. 어른이 아이를 안으면서
진심으로 행복하면 아이 역시 행복함을 느
낄 것이다. 세상에서 가장 좋아하는 엄마, 아
빠가 안아주기 때문이다.

## 2. 엄마, 안아줘!

    아이를 안아서 위아래로 움직이거나
높이높이 올려주기도 하고, 좌우로 흔
들거나 파도 모양으로 흔들어준다. 아
이의 상태를 살피면서 여러 가지 동작
을 해본다.

### 3. 너무 좋은 어부바

**말 타고 따가닥 따가닥**
　어부바를 하고 따가닥 따가닥 소리를 내며 아이
를 위아래로 흔든다.

**어부바에서 안아주기로**
　어부바를 한 상태에서
안아주기 자세로 바꿔서
아이가 스스로 움직이게
한다. 안기 자세가 되면 이
번에는 뒤로 돌려 다시 어
부바를 한다. 처음에는 어
른이 붙잡아주고, 서서히
아이 혼자 힘으로 돌 수 있
게 한다.

**엄마, 아빠에게**
어부바를 통해 부모와 아이는 서로의 온기를
느낄 수 있다. 초등학교에 들어가도 저학년
때까지는 어부바를 해주면 좋다.

## 4. 간지럼

**로켓 슈욱~**

검지손가락이 로켓이라고 정한 다음 높이 나는 시늉을 한다. '어디로 떨어질까요?'라고 하며 손을 빙글빙글 돌린다. 아이의 몸 한 구석에 로켓을 떨어뜨려 그곳을 간질인다.

**번개 놀이**

'번개다!' 하며 아이를 쫓아가고, '번개가 배꼽을 친다!' 하며 배꼽을 간질인다. 그리고 '엉덩이 잡자!' 하며 따라가기도 한다. 아이가 방 구석에 몰리면 두 팔을 벌려 붙잡는다. 그러고는 안아 올렸다가 내려 놓고 다시 간지럼을 태운다.

### 엄마, 아빠에게

간지럼은 아주 단순한 놀이지만 모든 아이들이 좋아한다. 놀이를 별로 좋아하지 않는 엄마, 아빠라도 간지럼 정도는 쉽게 할 수 있을 것이다. 웃지 않던 아이도 간지럼을 태우면 웃는다. 아침에 늦잠을 자는 아이를 간지럼으로 깨우면 효과가 좋다.

## 5. 쫓아가기 놀이

### 붙잡기

'붙잡는다!'라고 말하면서 쫓아
가 붙잡으면 안아 올리거나 방석
위에 내려놓고 서로 몸을 비비며
놀이를 한다. 그리고 천이나 수건
으로 얼굴을 가려서 도깨비처럼
하고 쫓아간다. 커다란 천일 경우 그 안으로 아이도 함께 들어오게 한 뒤 둘
만의 공간을 만들어본다. 아이가 무서워하면 바로 그만둔다.

### 꼬리 잡기

어른이 손수건이나 끈을 허리에 맨 뒤 꼬리처럼 늘어뜨리고 아이에게 붙잡
게 한다. 아이는 꼬리를 붙잡기 위해 쫓아온다. 아이가 양말을 신고 있으면
쫓아가서 '양말 벗기기'를 해도 재미있다. 둥글게 만든 양말을 공처럼 굴리며
공 잡기 놀이로 발전시킨다.

### 엄마, 아빠에게

아이들은 붙잡기 놀이를 아주 좋아한다. 붙잡
은 아이를 풀어줄 때 아이가 또 도망친다면
스킨십 놀이를 즐겁게 하고 있다는 증거다.
이렇게 흥분되는 놀이는 신기하게도 아이를
지치게 만들지 않는다.

# 6. 씨름과 레슬링

이불과 카펫을 씨름판으로 만들어서 씨름과 레슬링을 해본다. 어깨를 사용하지 않고 밀어내는 것도 재미있다.

# 7. 말 타기

**말이 히히힝~**

부모는 말이 되어 아이를 등에 태우고 앞으로 나아가본다. '히힝, 힝, 히힝~'이라고 말 울음 소리를 내면서 상체를 조금 올려도 보고 자세에 다양한 변화를 주면서 놀이를 한다.

**갈아타기**

엄마 말, 아빠 말이 서로에게 다가가서 아이가 말을 갈아타게 한다.

### 엄마, 아빠에게

말 타기 놀이는 업기 자세의 연장으로 대부분의 아이들이 좋아하는 놀이다. 등이 넓은 아빠가 먼저 말이 되어 놀아준다. 이 놀이는 예전부터 전해져 오는 놀이이므로 소중하게 이어가자.

# 마루에서 놀기!

좁은 마루에서도 스킨십 놀이는 가능하다. 아이가 따분해하면 집안일을 잠시 쉬고 놀이 상대가 되어준다. 이것저것 욕심내지 말고 쉬운 놀이부터 시작하자.

## 1. 돌리기

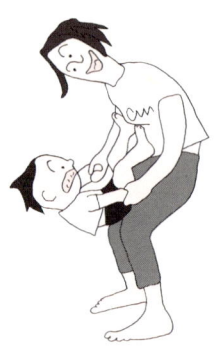

부모와 아이가 서로 마주보고 양손을 붙잡는다. 아이가 어른의 무릎으로 올라가 발로 차며 뒤로 돈다.

### 엄마, 아빠에게

처음에는 아이가 올라가기 쉽도록 어른이 몸을 굽혀주고 아이의 발이 어른 배까지 올라오면 돌기 쉽게 배를 앞으로 쭉 내밀어준다. 아이를 떨어뜨리지 않도록 아이 손을 꼭 붙잡는다. 그리고 착지할 때 어깨가 빠지지 않도록 주의해야 한다. 어디서든 가볍게 할 수 있지만 익숙해질 때까지는 이불 위에서 해본다.

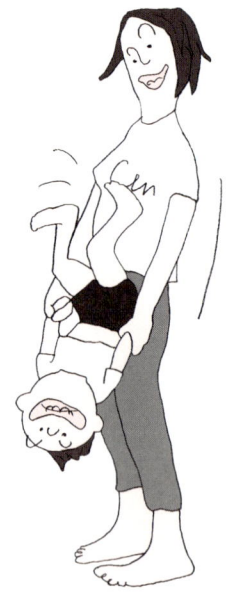

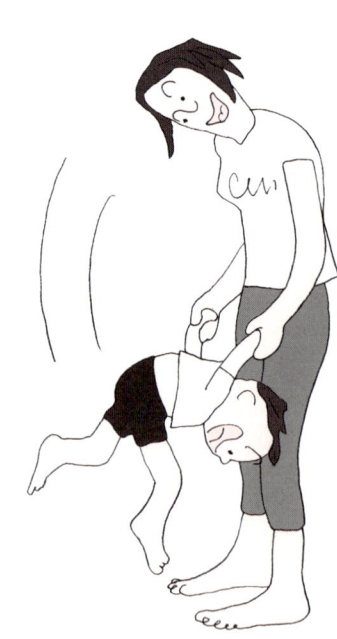

## 2. 원숭이 나무타기

아이가 어른의 어깨와 팔을 붙잡고 허벅지에 발을 올린 다음 기어올라가 안기 자세를 취한다. 그리고 어깨를 붙잡고 등쪽으로 돌아 업기 자세를 취한다. 어른은 약간 허리를 숙여주고 필요하다면 올라가기 쉽게 손으로 지탱해준다.

**한 단계 올리기!**

**어깨 기차예요**

업기 자세에서 어깨로 올라가 다리를 걸고 앉는다.

**엄마, 아빠에게**

아이는 기어 올라가기를 좋아한다. 유치원이나 어린이집으로 부모들이 데리러 오면 금세 어깨까지 기어 올라가는 아이도 있다.

## 3. 항아리 지게

어른 등에서 아이가 옆으로 업혀 양팔을 붙잡고, 그 상태에서 회전을 한다. 좌우로 회전하면서 해보면 재미있다.

**54**

# 4. 뛰어오르기

　어른과 아이가 양손을 붙잡고 아이가 그 자리에서 점프를 한다. 타이밍을 맞춰 어른이 아이의 손을 위로 잡아 끌어올려주면 자신의 능력보다 더 높이 올라갈 수 있어서 즐거워한다. 몇 번 반복한 다음 아이를 안는다.

## 5. 어깨 올라타기

어른이 무릎과 손을 바닥에 대고
앉아 아이를 어깨까지 오르게 한다.
아이는 어른의 어깨에 발을 올려놓고
머리를 잡고 일어선다. 그리고 나서
앞쪽으로 내려온다. 빨리 하면 아이의
손가락이 어른의 눈을 찌를 수도 있으
므로 주의가 필요하다.

### 엄마, 아빠에게

어른이 손을 바닥에 대고 안정된 자세를 취해
도 아이의 체중이 너무 무거워 제대로 지탱할
수 없을 때는 그만둔다. 어른이 이런 자세를
취하면 아이가 혼자서 등 쪽으로 기어 올라가
게 한다.

## 6. 뜀틀

처음엔 어른이 몸을 웅크리고 그 위를
아이가 손을 짚고 뛰어넘는다.

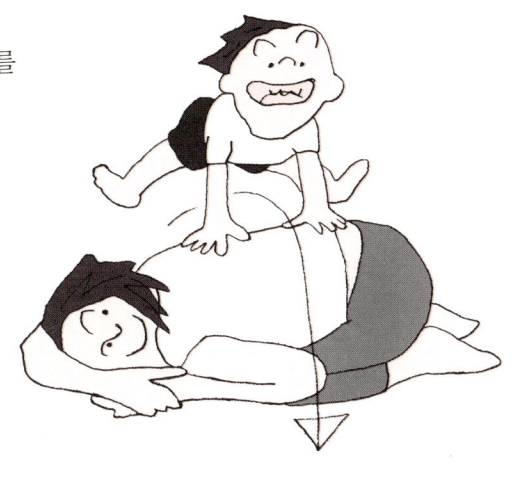

### 엄마, 아빠에게

진짜 뜀틀은 무서워해도 엄마, 아빠의 등이라
면 넘는 데 실패해도 괜찮고 부딪혀도 괜찮기
때문에 아이가 안심하고 즐겁게 뛰어넘을 수
있다. 낮은 자세에서 점차 높게 올려보는 것
도 괜찮다.

한 단계 올리기!
### 서서히 높은 뜀틀 넘어보기

어른이 팔을 펴고 엉덩이를 들어
올려 뜀틀을 높게 해본다.

## 7. 등을 짚고 폴짝폴짝

아이가 양손을 어른 등에 대고 양팔로 지탱해서 위로 폴짝폴짝 뛴다. '뜀틀'처럼 처음에는 낮은 자세를 취해 뛰기 편하게 해준다.

# 8. 미끄럼틀

어른이 의자에 앉아서 아이를 끌어안고 허벅지 위에 앉힌다. 양팔로 의자를 잡고 몸을 쭉 펴서 아이가 미끄러지게 한다.

## 엄마, 아빠에게

미끄러지는 거리는 아주 짧지만 아이는 엄마, 아빠라는 특별한 미끄럼틀을 즐거워하며 반복해서 해달라고 조르며 허벅지 위에 앉는다.

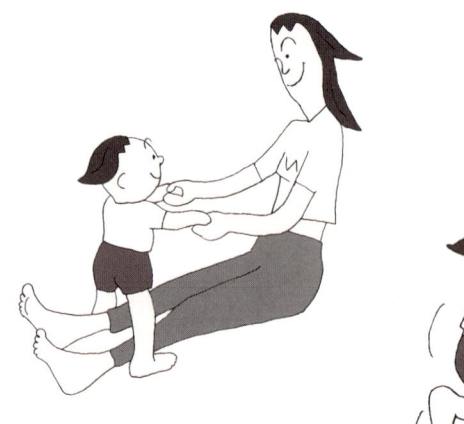

## 9. 다리 벌려 폴짝 뛰기

어른이 앉아서 다리를 앞으로 펴
고 아이와 양손을 붙잡는다. 어른이
양다리를 벌렸다 오므렸다 하고, 아
이는 양다리 사이에서 폴짝폴짝 뛴
다. 벌렸다 오므리는 다리에 맞춰 안
과 밖을 번갈아 뛰면서 리듬을 타도
록 한다. 호흡이 일치하면 점차 다리
를 넓게 벌려본다.

### 엄마, 아빠에게

말을 하면서 아이가 리듬을 탈 수 있게 한다.
호흡이 맞으면 점차 뛰는 속도를 빨리 할 수
있다.

## 10. 배가 흔들흔들

어른이 앉아서 다리를 약간 모으고 편다. 아이를 어른 허벅지 위에 앉히고 양손을 붙잡고 마주본다. 아이가 누우면 어른이 앞으로 숙이고 어른이 누우면 아이가 앞으로 숙인다. 이 동작을 반복한다.

**엄마, 아빠에게**

'발딱발딱' '배가 흔들흔들'이라고 노래를 부르며 리듬을 타면 즐겁게 놀이를 할 수 있다.

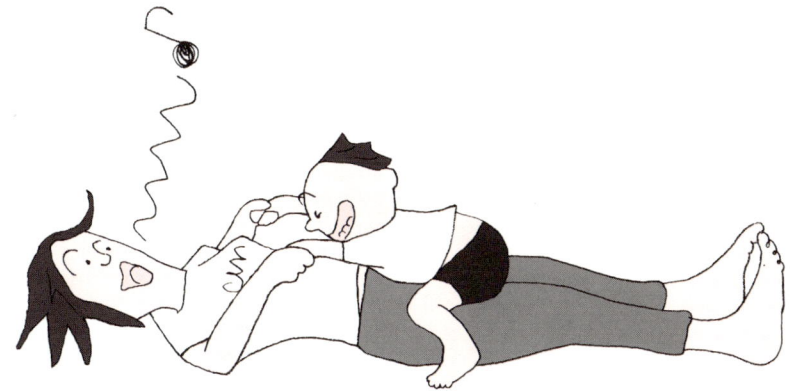

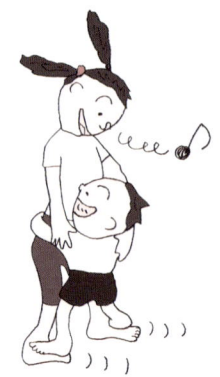

## 11. 발 위에서 걷기

어른과 아이가 서로 마주보고, 아이가 어른의 발등 위에 발을 올려놓는다. 그 상태에서 전후좌우로 움직인다.

### 엄마, 아빠에게

부모와의 일체감을 맛볼 수 있는 놀이다. 처음에는 천천히 걷고, 익숙해지면 폭을 넓히거나 발을 높이 올려 춤을 추듯 리듬에 맞춰 스텝을 밟는다.

### 한 단계 올리기!

**다리에 달라붙어**

어른이 아이를 낮게 안고 아이는 다리를 어른 허벅지에 감는다. 서로 마주보고 해도 좋고 같은 방향을 보고 해도 좋다.

# 12. 팽이 돌리기

아이는 바닥에 옆으로 누워 무릎을 붙잡고 새우처럼 웅크린다. 그림과 같이 어른이 아이의 무릎 뒤에 손을 넣어 회전시키면 아이가 팽이처럼 빙글빙글 돈다. 나무 마루에서 하는 것이 좋고, 아이의 팔이 바닥에 쓸리지 않도록 긴 옷을 입힌다. 팔로 다리를 꼭 붙잡지 않으면 몸이 펴진다. 몸으로 원심력을 느낄 수 있어 신기한 체험이 가능한 놀이다.

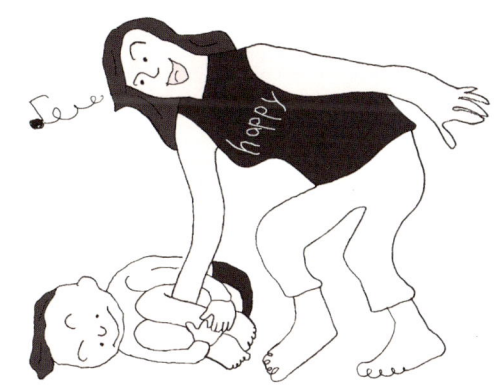

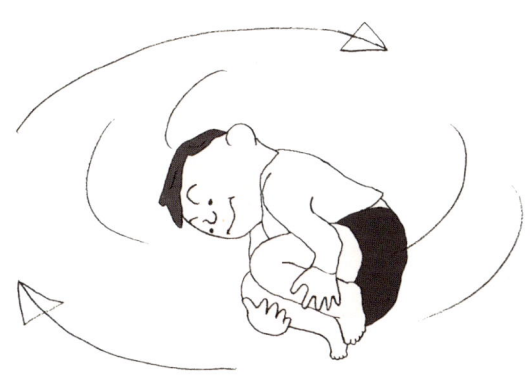

# 13. 어깨 기차놀이

아이를 어깨에 태우고 걷기나 가볍게 달리기, 점프 등을 해본다. 그리고 어른이 몸을 살짝 전후 좌우로 기울여본다. 이때 아이를 떨어뜨리지 않도록 주의해야 한다. 아이가 지나치게 흥분하면 어른 눈을 손가락으로 찌를 수 있으므로 주의하자. 엄마가 아이의 체중을 견디기 어렵게 되면 아빠에게 놀이를 부탁하자.

## 14. 손수레 놀이

　　바닥에 손을 대고 엎드린 자세를 취한 아이의 양 발목을 붙잡고 아이의 팔 힘으로 나아가게 한다. 아이가 앞으로 잘 나아가지 못할 때는 발목이 아니라 무릎이나 허벅지 쪽을 붙잡아준다.

### 엄마, 아빠에게

전진뿐만 아니라 도는 동작, 후진 또는 아이의 발을 그 상태에서 위로 잡아 올리는 등 여러 가지 동작을 해보며 놀이를 한다. 아빠가 팔굽혀펴기 자세를 한 다음 엄마가 아빠 발을 붙잡고 아이를 아빠 등에 태운 채 앞으로 나아가는 놀이도 재미있다. 단, 허리를 다칠 수도 있으므로 조심한다.

# 이불 위에서 놀자!

따뜻하고 부드러운 이불은 대부분의 아이들이 너무나 좋아하는 장소다. 탄력 있고, 아이를 잘 보호해주는 이불은 놀이 장소로는 최고다.

여기에 소개하는 놀이를 참고로 이불 위에서 다양한 스킨십 놀이를 해보자. 아침에 늦잠을 자는 아이들에게 이불 속에서 간지럼을 태우거나 김밥 말기를 해서 잠을 깨워보자.

## 1. 비행기 부~웅

어른이 위를 향해 눕고 발바닥 위에 아이 배를 닿게 해서 들어올린다. 그 상태에서 발을 조금씩 전후좌우로 움직인다. 아이의 손과 팔 또는 겨드랑이를 어른이 손으로 잡는다. 아이가 체중이 늘어 이 자세를 취하기 어렵거나 발 힘이 부족할 때는 무릎을 굽히고 정강이에 아이를 올려놓은 다음 똑같이 한다.

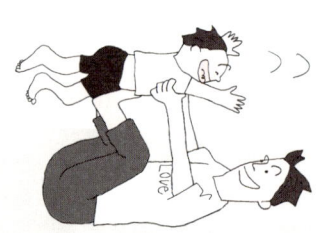

### 엄마, 아빠에게

공중에서 움직이기 때문에 비행기가 된 기분이 들어 아이들이 무척 좋아하는 놀이다. 어른이 '부~웅' 소리를 내면 아이들은 더 즐거워한다.

66

## 2. 말 길들이기

이불 위에서 아이를 등에 태우고 전후좌우 다양한 방향으로 흔들어 떨어뜨린다. 아이는 떨어지지 않으려고 안간힘을 쓰며 매달린다.

**앞으로 쭉!**

**뒤로 쿵!**

**옆으로 데구르르**

### 엄마, 아빠에게

아이들은 머리가 무겁기 때문에 머리부터 떨어지지 않도록 주의한다. 어른이 아슬아슬할 정도로 몸을 서서히 기울이면 아이들도 떨어질 것 같아 하면서 즐거워한다. 형제가 있다면 함께 태우고 해도 재미있다.

## 3. 앞으로 돌리기

어른이 다리를 약간 펴고 앉는다. 어른이 오른손잡이면 아이를 어른 왼쪽에 세운다. 어른이 오른손으로 아이의 목을, 왼손으로는 아이의 몸을 지탱해서 앞으로 돌린다(왼손잡이는 반대로 한다).

### 엄마, 아빠에게

아이의 목을 확실하게 지탱해야 하는 놀이다. 지탱할 자신이 없으면 그만둔다. 놀이를 하면서 어른의 손은 항상 아이의 목 뒤를 단단히 지탱해야 한다.

## 4. 요람

배 위에 아이를 올려놓고 어른 몸으로 아이를 감싼다. 얼굴을 아이에게 가까이 대고 비빈다. 어른이 몸을 움직이면 아이도 따라 움직인다.

아이를 안은 채 상반신을 일으켰다가 다시 눕는다. 이 동작을 반복한다.

### 엄마, 아빠에게

엄마가 따뜻한 요람이 되어 흔들흔들해주면 아이는 기분이 좋아진다. 아이가 위를 향하게 도 해보고 그 상태에서 옆으로 굴러보기도 하여 다양한 동작을 해본다.

## 5. 하나 둘 셋, 없~다 없~다!

### 하나 둘 셋

삼단 이불에 아이를 올려놓고 그
림처럼 '하나 둘 셋' 하면서 이불 끝
을 확 잡아당긴다. 아이는 엉덩방아
를 찧지 않으려고 열심히 뛴다.

#### 엄마, 아빠에게

'하나 둘 셋' 하고 이불을 잡아당길 때, 끝
을 잡아올려 아이를 넘어뜨리거나 떨어뜨리
는 등 놀이 방법을 다양하게 발전시켜가며
해본다.

### 없~다, 없~다!

아이가 이불이나 모포 아래로 숨는다. 그러면
어른이 '어, 어디 갔을까?'라고 모르는 척하며
이불 속으로 숨어들어 간지럼을 태우거나 스킨
십을 한다.

## 6. 그네 타고 날아가기

### 한 사람 그네

아이를 옆으로 안고 좌우로 흔든다. 노래를 불러주어도 좋다. '하나 둘 셋' 하고는 푹신푹신한 이불 위에 가볍게 던진다. 안은 상태에서 엄마가 아빠에게 아기를 건네주어도 좋다. 안겨 있다가 건네질 때 아이는 순간 불안해하지만 곧 다시 안기기 때문에 안도감을 되찾는다.

### 두 사람 그네

아이가 위를 향해 누우면 아빠가 아이의 양손을 잡고 엄마는 양다리를 잡아 좌우로 흔든다. 그리고 '하나 둘 셋' 하면서 이불 위로 살짝 던지고 난 후 안아주는 등 스킨십을 한다.

---

### 엄마, 아빠에게

2~5세의 아이들 중에는 팔 근육이 약해서 팔이 잘 빠지는 아이도 있다. 처음엔 가볍게 해보자. 또한 아이를 아래쪽으로 향하게 하지 말고 반드시 위를 향해 눕게 한다. 이불은 두터운 솜이불을 사용해서 탄력 있고 푹신푹신하게 준비해 놓는다. 그리고 머리 쪽이 힘이 있는 어른이 잡는다. 처음에는 다치지 않고 아이가 무서워하지 않도록 낮은 곳에서부터 시작하고 그 다음 조금 높은 곳에서 해본다. 아이가 크면 한 사람은 아이의 오른손과 오른발을 잡고 다른 한 사람이 왼손과 왼발을 붙잡고 하는 방법도 있다.

## 7. 돼지 바비큐

　어른이 아이를 안아 아이의 엉덩이와 허리 부분을 손으로 지탱하고 앞으로 기울인다. 아이는 손으로 어른의 목을 붙잡고 자신의 팔 힘으로 몸을 지탱해서 '돼지 바비큐' 모양을 만든다. 익숙해지면 엉덩이를 지탱하고 있던 손을 떼어 아이가 자신의 팔과 다리 힘만으로 몸을 지탱할 수 있게 한다. 자신의 몸을 지탱할 수 있으면 팔을 떼고 거꾸로 매달리는 것도 재미있다.

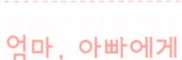

## 8. 누르기

어른이 이불 위에 있는 아이를 덮치듯이 누른다. 아이는 그 속에서 빠져나오려고 애쓴다. 그리고 아이를 이불로 감싸고 그 위에서도 눌러본다. 아이는 그 속에서도 열심히 빠져나오려고 애쓴다.

### 엄마, 아빠에게

어른이 위를 향하고 누워서 아이를 감싸안고 놓지 않는다. 또 어른이 앉아서 아이를 양팔과 다리로 꼼짝 못하게 하는 동작도 있다. 아이가 빠져나오면 쫓아가서 간지럼을 태우는 등 즐겁게 스킨십을 하며 놀이를 한다.

73

# 아빠와 함께 하는 즐거운 놀이!

튼튼한 팔에 매달리거나 어깨에 올라타는 것처럼 크고 강한 아빠와 놀이를 하면 엄마와 함께 놀 때와는 사뭇 다른 스릴과 흥분을 느낄 수 있다. 더욱이 엄마, 아빠 모두가 상대가 되어 놀아주면 보다 동적인 놀이도 가능하다. 일 때문에 피곤한 아빠도 주말에는 동심으로 돌아가 아이와 함께 개구쟁이가 되어 땀을 흘려보자.

## 1. 철봉

옆으로 편 아빠의 팔에 아이를 매달리게 하고 걷거나 가볍게 앞뒤로 흔들어준다. 길을 걸을 때도 '다음 전신주까지'라고 목표를 정하고 매달리기 놀이를 해보자.

### 엄마, 아빠에게

아이가 아주 작을 때는 엄마도 해줄 수 있지만 아이가 크면 아빠에게 해달라고 한다. 아빠의 근력 강화에도 도움이 된다.

## 2. 높이높이 날아라~!

**아빠로부터 날아라~**

높이높이 들어 흔들고 회전시킨다. 그리고
허공에 휙 던진다. 처음에는 조금 위로 던지고
점차 높게 던졌다가 아이를 잡는다.

**엄마, 아빠에게**

예전부터 해왔던 놀이다. 대부분의 아이들이
좋아하므로 어렸을 때부터 많이 해주자. 단,
무서워하는 아이들은 갑자기 높이 던지지 말
고 서서히 높여서 들어올린다. 그리고 놀이에
익숙하지 않은 아이는 충분히 익숙해질 때까
지 다치지 않도록 이불 위에서 해준다. 천장
에 부딪히지 않도록 주의한다. 아주 어린 아
기에게는 하지 말자.

**한 손으로 높이높이**

엄지손가락과 나머지 네
개의 손가락을 아이의 겨드
랑이에 끼운다. 이렇게 어른
은 한 손으로만 아기를 지탱
하고 자신의 몸 바로 위로 아
이를 들어올린다.

## 3. 받침대

아이가 어른 정강이를 팔로 꽉 붙잡고 매달린다. 어른은 그 상태에서 걷는다. 아이가 둘일 경우는 양다리에 한 명씩 매달리게 하고 걷는다.

76

# 4. 토템폴(기둥 쌓기) 놀이

앞으로 기울인 어른의 등에 아이들을
기어오르게 하고 업는다. 형제가 더 있
을 경우는 그 위에 기어오르게 한다. 얼
굴을 나란히 하고 거울을 보면 토템폴처
럼 보인다.

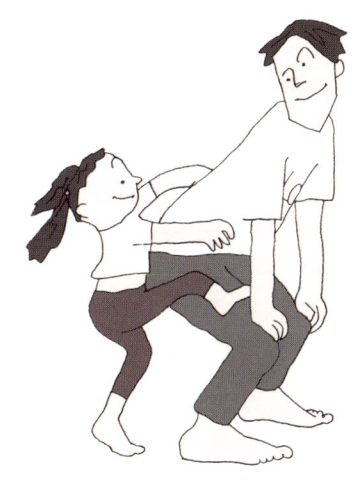

## 엄마, 아빠에게

아이를 두 명 이상 업으면 허리에 상당히 부
담이 된다. 두 아이의 체중이 너무 무겁다고
생각되면 그만둔다. 그리고 주위에 몇 장의
이불을 깔아놓고 놀이를 한다.

# 5. 공중 걷기

아이를 사이에 두고 엄마, 아빠가 양쪽에 서서 각각 아이의 한 손을 잡고 걷는다. 그리고 아이를 공중에 들어올려서 그네처럼 흔들거나 아빠가 엄마를 중심으로 회전을 해본다.

**엄마, 아빠에게**
아이와 함께 외출을 할 때 해주면 좋은 놀이다.

# 6. 하늘을 나는 양탄자

모포 한가운데 아이를 올려 놓고 아빠, 엄마가 모포의 네 귀퉁이를 붙잡는다. 좌우로 흔들거나 위아래로 흔들면서 아이가 가볍게 공중에 뜰 수 있도록 한다. 그리고 아빠, 엄마가 전후좌우로 걸으면서 이동도 해본다.

## 엄마, 아빠에게

아이들이 가장 좋아하는 놀이 중의 하나다. 갑자기 심하게 흔들지 말고 아이를 지켜보며 점차 크게 흔들어준다. 스킨십 놀이를 경험해 보지 못한 아이는 큰 움직임이나 동적인 놀이가 아닌 단순한 스킨십 놀이로도 만족한다. 목 근육이 견고해지기까지 무리한 동작은 하지 말자.

**!** **주의:** 아이가 좋아한다고 그림처럼 아이를 높이 올려줄 때는 특히 조심해야 한다. 머리부터 떨어지면 다칠 수도 있다. 밑에 이불을 몇 겹으로 깔아놓고 만약의 사고에 대비한다.

# 형제끼리 와글와글

스킨십 놀이는 엄마, 아빠와 일대일로 할 수 있는 놀이지만 형제와 같이 하면 좀더 복잡한 동작을 취할 수 있으며 놀이의 폭을 발전시킬 수 있다. 물론 친구와 같이 해도 마찬가지다. 친구가 놀러왔을 때 장난감 놀이나 게임만 하도록 두지 말고 때로는 스킨십 놀이를 같이 해보는 것도 좋다.

## 1. 두 칸 기차

두 아이를 마룻바닥에 엎드리게 하고 뒤쪽에 있는 아이가 앞쪽 아이의 발을 붙잡게 한다. 어른이 맨 앞에 있는 아이의 양손을 붙잡고 끌어당긴다.

### 엄마, 아빠에게

기차가 된 기분을 느낄 수 있어 의외로 재미있는 놀이다. 2~3세까지의 어린아이 또는 몸이 약한 아이들은 다칠 수 있기 때문에 피하는 게 좋다. 바닥에 위험한 물건이 떨어져 있지 않은지 확인하고 놀이를 한다.

## 2. 가위바위보 어부바

　가위바위보를 해서 진 쪽이 이긴 쪽을 업고 걷는다. 잘 업지 못할 때는 등
에 업히는 아이가 발을 바닥에 살짝 대서 업기 쉽게 해준다.

### 엄마, 아빠에게

친구끼리 해도 좋은 놀이다. 업기는 최근 약
해지고 있는 아이들의 허리 힘을 기르는 데
효과가 있다. 비슷한 몸무게의 아이들은 서로
업기를 해도 좋지만 체중 차이가 많이 날 경
우에는 체중이 많이 나가는 아이가 업힐 때
발을 바닥에 대서 도와주면 좋다.

# 3. 당기기~

엎드린 어른의 발을 아이 둘이서 한 쪽씩 붙잡고 잡아당기면 재미있는 놀이가 된다. 허리 힘을 비롯한 전신의 힘을 사용하는 놀이다.

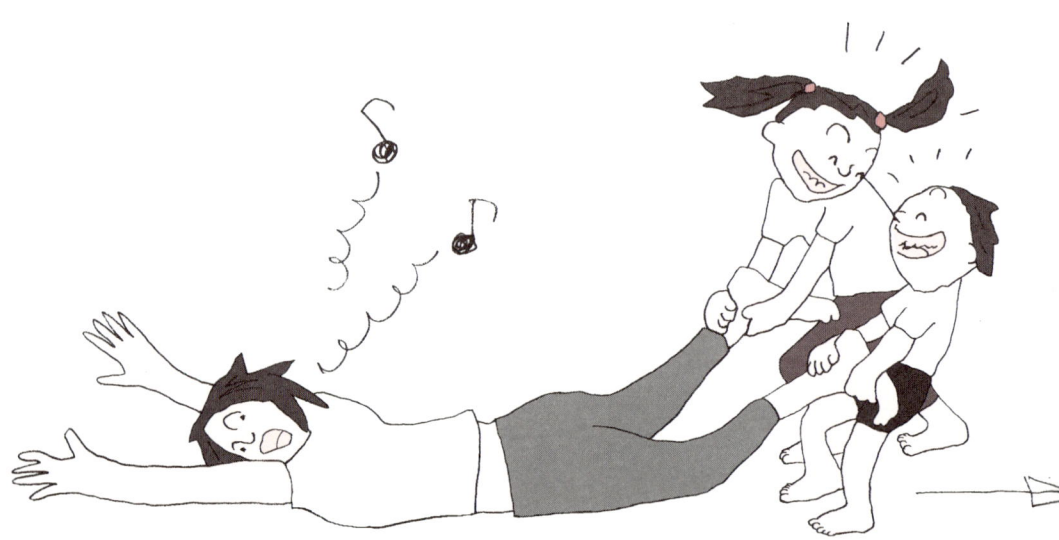

82

## 4. 만두 놀이

세 명 이상이 팔을 끼고 뒤로 밀치기를 한다. 인원이 충분할 경우에는 안에 술래를 하나 두고 원을 그린 다음 서로 밀쳐내어 발이 나가는 쪽이 지는 게임을 할 수도 있다. 팔을 끼지 않고 엉덩이로 상대방을 밀어내는 놀이도 재미있다.

### 엄마, 아빠에게

많은 사람과 하는 게 훨씬 재미있지만 가족 3~4명이 이불 위에서 해도 좋다. 모두가 밀착해서 몸을 사용하는 놀이로 가족끼리 하기에 아주 좋은 놀이다.

# 넓은 곳에서 하는 놀이

장소가 넓으면 놀이의 종류는 훨씬 더 다양해
진다. 마당이나 아파트 옥상, 공원, 모래밭 등
넓은 장소에서는 여기에 소개하는 놀이를 해
보는 것도 좋다. 단단한 바닥에서 놀이를 할
때는 다치지 않도록 주의하자.

## 1. 회전 그네

아이의 양손을 붙잡고 허공에서 빙글빙글 돌린다.
아이의 몸은 아래를 향해도 좋고 위를 향해도 좋다.
팔을 잡고 돌리는 것이 걱정되는 어린아이일 경우 몸
통과 두 팔을 붙잡고 하면 안심할 수 있다.

한 단계 올리기!

같은 쪽 팔과 다리를 붙잡
고 회전시킨다.

### 엄마, 아빠에게

양말을 신은 상태에서 마루 위를 미끄러지듯
돌다가 점차 높이를 올려가는 것도 재미있다.
어른은 미끄러지지 않도록 주의해야 한다. 아
이와 어른 모두 현기증이 날 수도 있지만 아
이는 재미있어서 또 해달라고 조르는 놀이다.
현기증이 날 때는 방향을 반대로 바꿔서 해보
면 괜찮아진다.

## 2. 움직이는 양탄자

아이를 모포 위에 올려놓고 잡아끈다. 천을 몸에 묶어서 해도 좋지만 이때 머리 위치를 파악한 다음 잡아당긴다.

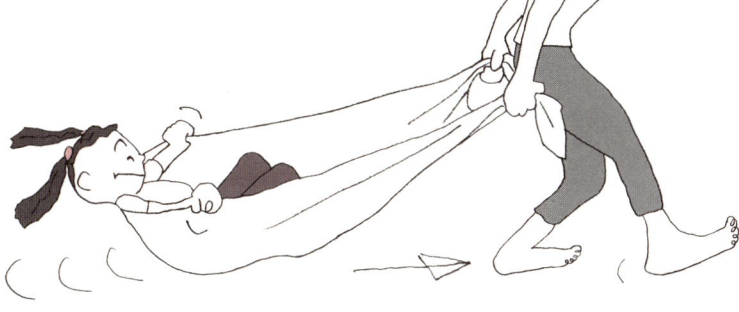

한 단계 올리기!

**아이에게 천을 붙잡게 하고~**
아이의 팔과 상체가 나올 수 있 도록 감싸고 아이는 천을 단단히 붙잡는다. 어른이 반대쪽 천을 붙 잡고 회전시킨다.

**엄마, 아빠에게**
한 단계 올라간 놀이의 경우에는 손아귀 힘이 상당히 필요하다. 천을 단단히 잡아야 한다.

## 3. 비행기

아이를 엎드리게 한 다음 팔다
리를 쭉 펴게 한다. 그리고 아래
쪽을 안고 걷는다. 아이가 가능
한 한 몸을 펴고 비행기 모양을
만들게 한다. 시선은 앞쪽을 보
게 한다.

### 엄마, 아빠에게

아이들은 비행기를 좋아한다. 아이들은 '부~
웅'이라고 소리내면서 비행기가 되어 놀이를
즐긴다. '슈퍼맨이다 비켜라' '피터팬이다!'
라고 말하며 놀이를 해도 재미있다.

**한 단계 올리기!**

### 엄마를 다리로 붙들고

아이는 양다리로 어른의 허리를 붙들고
어른은 양손으로 아이의 몸을 지탱해준
다. 아이는 등을 쭉 펴고 두 손을 앞으로
내밀며 앞을 본다. 어른은 그 상태에서 걷
는다.

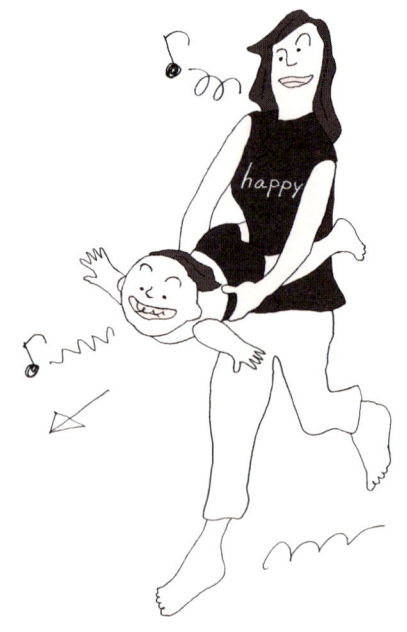

## 4. 제트코스터

아이의 무릎 밑에 손을 넣어 붙잡고 그 상태에서 제트코스터처럼 상하 파도치기와 좌우 흔들기 등을 반복하면서 돌아다닌다. 처음에는 제트코스터가 시동을 걸듯 천천히 출발하고 차츰 속력을 높인다. 마지막에 제트코스터가 정지할 때처럼 삐익삐익 소리를 내며 착지하면 아이가 재미있어한다.

### 엄마, 아빠에게

마루에서도 가능하지만 넓은 곳에서 크게 돌면서 놀이를 하면 진짜 제트코스터처럼 즐길 수 있다. 아이가 떨어지지 않도록 아이의 허벅지를 단단히 붙잡는다.

## 5. 바닥 미끄럼 타기

　　왼손으로 아이의 무릎 뒤를 붙잡고 끌어안은 다음 오른손을 등 아래쪽에
대고 밀어주면 아이는 바닥에 미끄러지며 나아간다.

# 제 3 장

# 아이의 눈을 빛나게 하는
# 스킨십 놀이

# 아이들의 눈빛이 변했다

## 추운 날씨 때문에 하게 된 스킨십 놀이

사쓰키 유치원에서는 하루 종일 스킨십 놀이를 한다. 그 계기가 된 것은 우츠노미야 시의 추운 날씨였다. 유치원에서는 1978년 개원 이래 아이들에게 냉수마찰을 시키고 있었다. 유치원 설립자인 도모에다 무네마사 박사가 아이들의 건강 증진을 위해 시작한 일이었다.

유치원을 개원한 지 2년째, 우츠노미야 시는 당시 11월이 되면서 급격히 날씨가 추워졌다. 따라서 아이들이 냉수마찰을 위해 옷 벗는 것을 싫어하게 되었고, 부모들로부터도 감기에 대한 우려의 목소리가 높았다. 개원 이래 아이들을 건강하게 만드는 것을 목표로 세웠던 유치원으로서는 그 핵심 활동인 냉수마찰을 쉽게 포기할 수 없었다.

심사숙고해서 생각해낸 해결책은 '난방으로 아이들의 몸을 따뜻하게 할 것이 아니라 실내에서 선생님과 아이들이 격렬하게 운동을 해보자. 그래서 몸이 따뜻해지면 아이들은 자연적으로 옷을 벗을 것이다'라는 것이었다.

선생님이 먼저 신명나게 달려가면 바로 쫓아오는 아이들을 안아서 올리거나 업으면서 놀이가 시작되었다.

지금의 스킨십 놀이에 비하면 간단한 놀이로, 10분 정도의 시간이 걸렸다. 그래도 아이들은 대단히 기뻐하며 환호성을 지르고 까르르 웃으며 달려들었다.

지금처럼 선생님 한 명이 여러 명을 상대하는 게 아니라 일대일로 했기 때문에 '저도요, 저도요' 하며 아이들은 선생님과 놀이를 하고 싶어 안달이 날 정도였다.

스킨십 놀이를 시작한 날의 보육 일지에는 '아이들은 모두 놀이를 하고 싶은 마음에 힘이 넘쳤고, 눈도 반짝반짝 빛났다'라고 쓰여 있다. 놀이가 끝난 뒤 아이들의 몸이 따뜻해져 상쾌한 기분으로 냉수마찰을 할 수 있었다.

그러나 무엇보다도 놀라운 사실은 활기가 없어 보였던 아이들의 눈이 '반짝반짝' 빛났다는 점이다. 이전까지의 육아 과정에서는 볼 수 없었던 아이들의 내면 깊숙이 숨겨져 있던 힘을 발견한 것이었다.

다음날 유치원에 온 아이들은 선생님을 조르기 시작했다. '선생님! 또 스킨십 놀이해요'라고.

아이들은 흥분하고, 기뻐하고, 웃으며 뒹굴었고 다음날도 또 그 다음날도 계속 스킨십 놀이를 원했다. 아이들은 놀이를 하면서 내면에 있는 에너지를 분출하는 것처럼 보였다. 냉수마찰을 위해 시작된 스킨십 놀이가 대단한 결과를 가져온 것이다.

아이들은 강아지와 고양이가 서로 뒹굴고 노는 모양을 연상하여 이 놀이를 '재롱부리기'라고 불렀다. 결국 모두가 뜻을 모아 이 놀이를 '스킨십(자레코=재롱) 놀이'라고 이름 붙였다.

## 집중력이 좋아졌다

또 다른 변화도 나타났다. 아침의 스킨십 놀이가 끝난 뒤 수업 시간이 되자 아이들은 떠들거나, 한눈 팔지 않고 얌전하게 이야기를 듣게 되었다.

연령이 높은 아이들뿐 아니라 3~4세 아이들도 눈을 반짝이며 선생님의 눈을 응시하고 이야기에 열중했다.

마사키 선생이 1장에서 지적했듯이 요즘 아이들의 가장 큰 문제는 전두엽의 흥분 강도가 발달하지 않는다는 점이다. 그러나 이 놀이는 대뇌 전체의 사령탑인 전두엽을 계속 자극시킴으로써 지나치게 흥분할 위험을 막는 흥분 억제 기능도 동시에 길러준다. 즉, 동적인 스킨십 놀이에서 수업 시간처럼 집중해야 하는 상황으로의 전환이 아주 빠르게 진행되는 것이다.

주변 상황 변화에 대처하는 행동이 가능하고, 전환이 빠른 아이들의 전두엽 유형을 '활발형(어른형)'이라고 한다. 보통 유치원에는 '활발형' 아이가 20퍼센트 정도지만 사쓰키 유치원에는 40~50퍼센트에 이른다 (22~23쪽 참조).

## 스킨십 놀이를 그만두면 불안함을 느낀다

스킨십 놀이를 시작했을 때는 아무것도 없는 바닥에서 하는 단순한 놀이였지만 얼마 후 부드러운 매트리스, 담요, 커다란 천 등의 보조 도구를 사용하기 시작했다. 그렇다고 해도 선생님 몇 명이 유치원생 전원을 도맡아 놀아주는 것은 여간 힘든 일이 아니었다. 특히 후텁지근한 여름에는 선생님들이 너무 힘겨워했기 때문에 스킨십 놀이를 시작한 지 2년째인 1982년 6월과 7월은 휴식을 취하기로 했다.

그후 아이들이 금방 기력을 잃고 안정을 찾지 못하는 사태가 벌어졌다. 멍하게 있는 아이, 맥 빠진 아이들이 눈에 띄게 많아지고 성질이 급해져서 싸움도 늘어났다. 아이들은 스킨십 놀이를 했던 시간에 그냥 여기저기 앉아서 선생님이 지나갈 때마다 원망스러운 눈초리로 쳐다보았다.

선생님들은 '힘들지만 역시 스킨십 놀이를 해야 한다'는 결론을 내렸고, 결국 놀이는 다시 시작되었다. 그후로 스킨십 놀이는 쉬지 않고 계속되고 있다.

## 엄마가 같이 하면 놀이 방법의 폭이 넓어진다

스킨십 놀이를 시작하고 얼마 되지 않아 선생님에게 심하게 매달리는 아이들이 늘어났다. 환호성을 지르고 눈을 반짝이며 선생님에게 달려들어 '앙' 하며 물고 늘어지는 아이들도 있었다. 그리고 스킨십 놀이를 하면서 안아주기와 업어주기를 원하는 아이들이 많았다. 이런 모습에서 육아 교사들은 아이들이 모성애를 강하게 갈망하고 있다는 점을 깨닫게 되었다. 그래서 놀이에 엄마들의 참가를 적극 권장했다.

머지않아 '좀더 스킨십 놀이에 참가해도 좋을까요?'라고 묻는 엄마들이 늘어났다. '집에서 부모와 아이만으로 놀이를 하기가 쉽지 않다' '모두 함께 놀이를 하면 더 즐겁다' '잘 놀지 못하기 때문에 함께 놀이를 하는 모습을 보고 자극을 받거나, 배울 수 있다' '아이가 변했다' 등 여러 가지 이유에서였다.

스킨십 놀이에 참가하기 어려운 부모들의 경우도 생각하여 '하루 15분씩 매일 참가해도 좋고, 한 달에 적어도 2회는 참가한다'는 규칙을 세웠다. 참가하는 부모들이 대폭 늘어났다.

어른들이 많이 참가하면 그만큼 놀이의 폭이 넓어진다. 친구의 아빠, 엄마에게 달려드는 아이들도 생기고, 어른 역시 달려드는 아이를 자신의 아이처럼 안아서 들어 올려준다. 놀이 방법도 다양해져서 흥분도 점차 고조되었다. 이러한 가운데 피부 접촉을 통한 어른의 따뜻함이 아이들에게 전해졌다.

처음에는 엄마로부터, 다음엔 선생님과 친구의 엄마들로부터 어른들의 따뜻한 사랑이 아이들의 마음속으로 녹아 들어가 아이들은 사람을 진심으로 대하는 방법을 점차 알아가게 되었다.

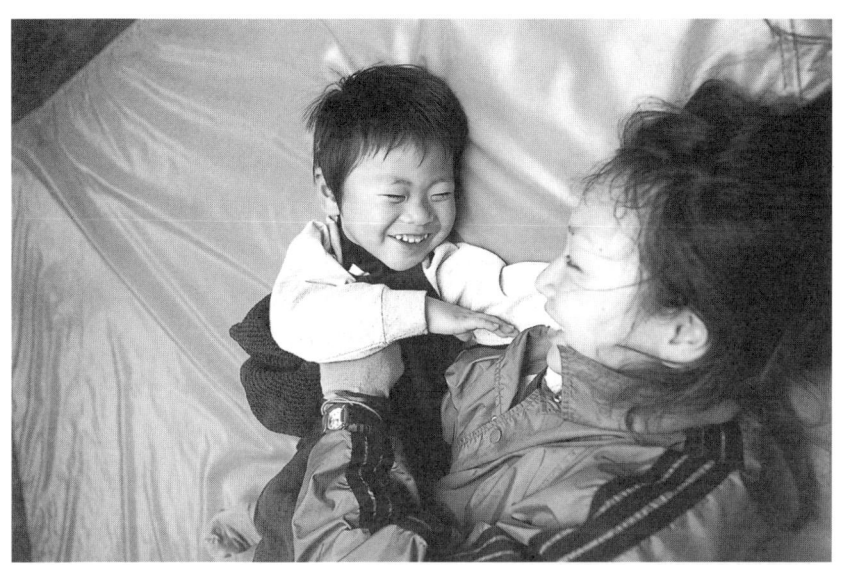

위 사진 : 처음에는 매트리스에 누워 엄마와 함께 스킨십을 한다.
간지럼을 태우면서 웃기도 하는 이러한 접촉이 스킨십 놀이의 기
본이다.

왼쪽 아래 사진 : 친구의 엄마에게도 매달린다. 모두 하나의 가족
이고 형제인 것처럼 놀이를 한다.

아래 오른쪽 사진 : 엄마, 아빠에게 매달리고, 등 쪽으로 기어 올
라가는 등 격렬한 동작을 통해 점차 흥분을 고조시킨다. 환성과
웃음소리가 점점 더 커진다.

위 사진 : '까르르, 뒤집지 말아요' 라고 떠들며 엄마와 밀어내기 놀이를 한다. 매트 위에서 여자아이들이 무척 기뻐하고 있다.

가운데 사진 : 아이들을 발에 태워 비행기 놀이를 해주고 있다. 다른 아이들도 하고 싶어 안달이 나 있는 모습이다.

아래 사진 : '하나 둘 셋, 얍!' 아이들 모두 커다란 천을 붙잡고 친구를 공중으로 띄우는 인기 있는 놀이다.

위 그림 : 천을 두 손으로 붙잡으면 일명, 마법의 양탄자가 된다. 사진처럼 아이들은 줄을 서서 자신의 차
례가 오기를 손꼽아 기다린다.

아래 왼쪽 그림 : 선생님에게 쫓겨 숨은 아이들. 모든 아이들의 눈이 반짝거리며 천진난만한 표정을 짓고
있다.

아래 오른쪽 그림 : 활기가 넘치는 아이들은 격렬한 놀이를 좋아하며, 뒤집히거나 공중에 매달리는 놀이
도 즐거워한다.

# 의욕적이고 자립심도 향상된 아이들

새학기가 되어 새로 들어온 원생들은 입학하자마자 스킨십 놀이를 20분 정도 한다. 부모들이나 아이들 모두 익숙하지 않은 장소에서 새로운 친구와 만난다는 기대로 충만한 시기다. 처음에는 약간 주저하지만 곧 부모와 아이가 서로 꼭 끌어안기도 하고 웃으면서 즐거운 환성을 지른다.

움직임이 둔한 아이와 이런저런 이유로 움직일 수 없었던 아이들도 부드러운 어른들의 손길로 보호를 받으며 스킨십 놀이를 하는 동안 점차 움직이는 즐거움을 느끼게 된다. 아이들은 자신의 움직임에 맞춰주는 어른과 함께 자연스럽고 즐거운 마음으로 놀이를 하게 된다.

연령이 어린 아이일 경우 처음에는 안기와 업기, 간지럼, 쫓기 등 단순한 놀이가 중심이 되지만 연령이 올라갈수록 단체 놀이와 동적인 움직임으로 발전해간다.

아이들은 자신들이 선생님에게 인정받듯이 상대방을 인정하는 방법을 몸으로 체험한다. 그것은 규칙이라고도 할 수 있으며, 규칙이 없는 스킨십 놀이에는 아이들이 스스로 규칙을 발견하고 방어 본능을 익혀 가는 과정을 보면 놀라울 정도다.

또한 '친구 사귀기보다 그림과 블록 쌓기가 좋다' 'TV가 친구인 양 언제나 혼자서 멀뚱히 있다 보니 스스로 놀이를 찾을 수 없다'는 아이들도 매년 입학한다. 그런 아이는 2~3년 정도 지나면 무리와 어울려 다 함께 즐거운 놀이를 할 수 있는 아이로 성장하게 된다.

## 남자아이들은 대부분이 공격성을 갖는다

남자아이들은 온몸으로 전력을 다해 놀이를 한다. 그리고 편을 갈라 싸우는 놀이를 좋아한다. 격렬하게 부딪히고 주먹과 발로 차는 놀이도 좋아한다. 그러면서 아픔도 맛보고 어른들로부터 주의도 받으면서 1년 정도가 지나면 부드럽게 힘을 쓰는 방법을 익힌다.

얌전하고 자기 주장이 없던 아이들도 어른에게 인정받아 자신감이 붙으면 공격적인 놀이를 서슴없이 하게 된다.

공격성은 남자아이들만의 특유한 성향이라 여자아이들에게는 좀처럼 볼 수 없는 행동이다.

## 운동능력이 향상된다

스킨십 놀이를 시작하고 나서부터 선생님들이 아이들을 보는 눈이 달라졌다. 아이들이 태어날 때부터 가지고 있던 힘과 에너지를 마음껏 발산하는 모습에 놀라워하는 것이다.

입학할 때 식욕이 좋지 않았던 아이가 어느 순간부터 왕성한 식욕의 소유자가 된다. 유치원을 졸업하기 전까지 대부분 아이들의 발 모양이 완성된다. 줄넘기, 물구나무서기 같은 연습에도 의욕적이고 지구력이 향상된 모습을 보인다.

그리고 일 년에 한 번 연령이 높은 아이들은 해발 1,248미터의 산을 등반했다. 다섯 시간 동안 오르지만, 24년 동안 이 등반을 진행하면서 아픈 아이를 제외하고 낙오하는 아이들은 단 한 명도 나오지 않았다. 다음의 사진은 2003년 산 정상에서 찍은 기념사진이다.

다섯 시간의 등반 후에 하산한 시간은 오후 3시쯤이었다. 잠깐 휴식을 가진 뒤 선생님으로부터 다음 일정에 대한 오리엔테이션이 있었다. 아래쪽 사진이 바로 그 장면을 찍은 것이다. 눈들이 여전히 반짝이고 있어 다섯 시간 동안 등산을 한 아이들의 표정으로는 보이지 않을 정도다.

이는 사쓰키 유치원에 입학한 아이들이 특별하게 운동능력이 뛰어나서가 아니다. 아이들 속에 잠자고 있던 잠재능력이 발현되었을 뿐이며, 매년 등산을 할 때면 그 점을 강하게 실감하게 된다.

## 자발적인 행동이 가능해진다

세 살짜리 어린아이가 자발적으로 냉수마찰을 한다. 누군가가 지시하지 않아도 친구들과 함께 한다. 그리고 유치원 밭에서 기른 야채를 원생들이 낫으로 베고, 세 살짜리 아이가 혼자서 된장찌개를 먹으며, 실수로 흘리면 혼자서 닦기도 한다. 한 어머니에게 '어떻게 지도를 하면 이렇게 되나요?'라는 질문을 받기도 했다.

사쓰키 유치원에서는 4월에 입학한 세 살짜리 아이도 7월쯤 되면 유치원 생활을 대부분 익힌다.

스킨십 놀이를 열심히 하는 것이 대뇌를 자극하고 마음을 충만하게 해서 '자발적 행동'이 생겨나는 것은 아닐까! 특히 이 아이들에게는 일상생활 속에서의 지시와 명령은 극히 적어진다.

## 자신보다 어린 아이들을 돌본다

사쓰키 유치원은 연령별로 학급을 운영하지 않고 모든 아이들을 한데 묶어 학급을 편성한다. 아이들의 사회적 발달을 위해 제2의 가정일 수도 있는 단체가 중요하다고 생각했고, 출산율이 낮아지면서 형제자매가 부족하게 된 점을 보충하기 위해 고안된 시스템이다.

스킨십 놀이도 연령에 상관없이 함께 한다. 유치원에는 엄마 손을 잡고 온 원생들의 동생인 아기들이 울 때가 있다. 그러면 원생인 아이가 아기들을 달래기도 하고 안아주기도 하면서 돌봐준다.

연령이 높은 아이들은 연령이 낮은 아이들을 안거나 업기도 하면서 냉수마찰과 도시락 정리하는 법을 가르쳐주고 손을 잡고 같이 산책을 하는 등 즐겁게 돌봐준다. 연령이 낮은 아이에게 연령이 높은 아이는 조금만 손을 뻗치면 닿을 수 있는 '동경의 대상'이라고 할 수 있다.

# 시작은 엄마의 안아주기부터

## 기분이 안 좋은 아이는 먼저 안아주자

안아주기는 스킨십에 있어 기본 중의 기본이다.

이제부터 소개하게 되겠지만, 엄마, 아빠가 아이에게 얼마나 소중한 존재인가를 알고 꼭 끌어안는 '안아주기'는 대단한 위력을 발휘하게 된다.

아이가 불쾌해하고, 난폭해지고, 친구들과 놀지 않으려 할 때 엄마가 꼭 끌어안아줌으로써 문제가 해결되는 경우가 많다.

### 사례 하나   단기간에 치료되는 경우

평소에는 선생님에게 매달리는 것을 무척 좋아하는 어느 아이. 하지만 요사이 안아주어도 좋아하지 않고, 말수도 적어지고, 외로운 듯 멍한 모습을 보이기도 하고 친구들이 말을 걸어도 피한다.

사실은 이 아이의 어머니가 한 달가량 병석에 있어서 아이 나름대로 참아내고 있는 중이었다. 어머니가 다시 건강을 회복하자 아이는 그동안의 공백을 보상 받고 싶어서 어리광을 부렸다. 그런데 어머니는 그것을 알아차리지 못하고 혼을 냈다.

그러나 아이는 '친구들이 놀려서 그런 게 아니야! 엄마한테 어리광을 부리고 싶어서 그래! 유치원에 가고 싶지 않아!' 라고 외치면 될 텐데 그렇게 잘 못한다.

그래서 '어머니, 아이를 부드럽게 안아주세요! 아이가 지쳐 있어요' 라고 조언했다. 조언대로 어머니가 아이를 부드럽게 안아주자 2~3일 만에 다시 활달한 아이로 돌아왔다.

### 사례 둘　시간이 조금 필요한 경우

이름을 부르면 선생님의 얼굴을 보며 도망친다. 엄마에게 물어보면 나쁜 짓을 하지도 않았고 혼을 낸 것도 아니라고 한다. 이는 아이가 경계심을 품고 있는 상황으로, 집에서도 마찬가지라고 한다.

'누나는 수월하게 키울 수 있었지만 이 아이는 장난이 심해서 매일 혼이 났다'고 그애 어머니가 말했다.

육아 교사는 '그럼, 하루에 한 번만이라도 따뜻하고 부드럽게 안아주세요. 사랑을 느낄 수 있게……' 라고 조언했고 아이의 어머니는 그대로 했다.

일 년이 채 지나기도 전 어느 날 '하나의 물방울이 바위를 쪼개네요. 단지 하루에 한 번 안아주었을 뿐인데 아이가 안정감을 되찾았습니다' 라는 어머니의 보고가 있었다.

### 사례 셋　오랜 시간이 걸리는 경우

유치원 마당에 혼자 떨어져서 웅크리고 있는 네 살짜리 아이.

어느 날 '너는 왜 친구들과 같이 놀지 않니?'라고 묻자 아이는 '친구들은 모두 적이다'라고 던지듯 말했다.

어머니는 '아이가 한 살일 때 천식으로 일주일 동안 병원에 격리 입원했어요. 그런데 입원할 때 상당히 괴로운 경험을 했습니다. 우는 아이를 병원에 떼어놓고 와야만 했지요. 마침내 기다리고 기다리던 퇴원 날이었습니다. 그러나 아이는 다른 곳만 보면서 저에게 다가오지 않았습니다. 달려올 것이라고 생각했는데……. 그후 아이는 무표정한 얼굴이 되었고 지금도 여전히 그렇습니다'라고 말했다.

'아이는 어머니에게 버림을 받았다고 생각한 것 같습니다. 어린아이에게 하루는 일 년과 다를 바가 없습니다. 병원에 혼자 남아 있었을 때의 불안을 생각하면 어머니로부터 도망친 것은 원망의 표현일지도 모릅니다. 그러니 아주 따뜻하게 아이를 안아주세요……'라는 조언을 해주었다.

1년 반 정도가 지나 '처음에는 몸을 뒤로 젖히며 안아주는 것을 거부했지만 점차 제 가슴에 안기게 되었습니다'라고 어머니가 말할 무렵, 아이는 유치원에서도 친구들과 사이좋게 어울리기 시작했다고 한다.

### '안아주세요'라는 신호

아이가 손톱 물어뜯기, 손가락 빨기, 침 뱉기, 자위 같은 행동을 하면 엄마들은 당황해서 '그만해!'라고 소리를 치며 그런 행동을 그만두게 하려고 한다. 그러나 이러한 행동을 하고 있는 아이들을 자세히 살펴보면 외로움을 타는 아이인 경우가 많다. 단, 이런 행동들은 놀이에 푹 빠져 있을 때는 나타나지 않는다.

이런 행동은 엄마의 사랑이 필요하다는 신호다. 따라서 애정을 듬뿍

담아 안아주면 아이는 금방 밝아진다. 무턱대고 '그만둬!' 라고 소리치면 안 된다.

## 안아주는 것을 싫어하는 아이?

안아주는 것을 싫어하는 아이는 아마 없을 것이다. 하지만 '싫어하는 것은 아닌가?' 라고 생각이 들 정도로 거부하는 아이도 있다. 그런데 사실 안아주기를 싫어하는 엄마도 적지 않다. 안아주는 것을 싫어하는 아이와 안아주기를 싫어하는 엄마 사이는 뒤틀릴 수 있다. 엉킨 실타래를 풀듯이 서서히 시간을 갖고 안아주기를 계속하다 보면 좋은 관계가 형성된다.

자주 혼나는 아이는 엄마가 안아주려고 하면 반사적으로 몸을 비틀고 얼굴 마주치기를 거부할 수 있다. 또 동생이 태어나 일찍부터 형이나 누나가 된 아이는 엄마 품에 안겨 있는 동생을 부러운 눈길로 바라보면서 '나는 형이니까……'라고 마음을 스스로 조절해야 할 때가 많다.

엄마의 따뜻한 애정이 아이의 마음속으로 깊이 전달되는 때는 역시 아이가 아플 때일 것이다! 유치원 설립자인 도모에다 씨는 '아플 때 엄마가 옆에서 몸을 쓰다듬어주고 부드럽게 말을 해주면 그것만으로도 병이 나은 것처럼 느껴졌다. 엄마의 깊은 애정이 담긴 간호를 받았던 기억이 내가 의학 공부를 하게 된 계기' 라고 말했다.

부모 자식 간의 관계와 안아주기 방법도 사람들마다 다르다. 아이들의 말에 귀를 기울이자.

# 스킨십 놀이로 아이들이 이렇게 바뀌었다

## 아이를 좋아하지 않던 나를 바꿨다

_M · Y(사쓰키 유치원 졸업생 어머니)

매스컴에서 종종 아동학대 이야기가 화제가 되지만 나는 그런 뉴스를 접할 때마다 남의 일같이 느껴지지 않았다.

한 번 유산을 한 뒤에 얻은 딸이지만 뱃속에 있을 때는 온통 유산하지 말아야 한다는 생각으로 가득 차 있어서 태교를 한다거나 태어나면 이렇게 해주어야지 하는 생각들은 엄두도 내지 못했다.

아이가 태어나서는 젖이 잘 나오지 않아 힘들었다. 젖이 나오지 않는 것은 엄마로서의 애정 부족인 것처럼 느껴져 고통스러운 나날의 연속이었다. 그렇게 시작된 나의 육아는 자연스러운 애정을 주는 것과는 거리가 멀어졌고 혹시라도 다른 아이들보다 덜 자라지는 않을까, 내가 과연 애정을 듬뿍 주는 엄마로 보일까 등을 걱정하며 아이보다는 세상의 눈에 더 신경을 썼다.

딸을 소중하게 생각하는 남편 역시 내게는 짐이었다. 소중하게 생각하는 마음이 직접적으로 육아를 하는 내게 간섭과 질책으로 다가올 때가 있었기 때문이다.

당연한 일이지만 딸은 잘 웃지도 않고 이유도 없이 떼를 쓰곤 했다. 2~3세가 되어도 자기 주장이 없고 가만히 내버려둬도 칭얼거림이 별로 없었다. 나 역시 아이 얘기만 나오면 예민하게 반응했다.

아이가 네 살이 되던 해 사쓰키 유치원에 입학을 시켰다. 자연 속에서 자유롭게 놀게 하고 싶었기 때문이다. 그러나 나는 여전히 사랑하려고 해도 사랑할 수 없는 죄의식을 가지고 아이와의 사이에 가로놓여 있는 벽을 어쩌지 못했다.

나는 학부모 참관일에 처음으로 스킨십 놀이를 하게 되었다. 그때까지 집에서 그렇게 놀이를 해본 적이 없었다. 나 자신도 어머니와 그런 놀이를 해본 기억이 없었다. 따라서 참관하는 날 선생님이 '자, 놀이를 해봅시다!' 라고 말해도 어떻게 해야 할지 전혀 몰랐다.

그렇다! 옛날에 아빠가 해주셨던 것처럼 '높이높이'를 해줄까 라고 생각했지만 내 아이가 내 옆으로 오지 않아 옆에 있는 다른 아이와 놀이를 했다.

그 아이가 기뻐하는 모습을 보고 내 앞에 대여섯 명의 아이들이 줄을 섰다. 그 안에 딸아이도 있었다. 계속 줄을 서는 아이들을 보는 순간 피곤이 몰려왔다. 그러나 나의 마음은 몸과는 반대로 흥분해서 '이제 그만'이라 말하면서도 많은 아이들과 어울려 정신없이 놀이에 빠졌다.

이제는 더 이상 어떻게 놀아주어야 하는지 고민하지 않는다. 나 자신이 더 재미를 느낀다. 도망가는 아이를 쫓아가서 붙잡아 가슴에 품고 그 아이가 도망가지 못하도록 하면서 다른 아이를 붙잡고, 아이들은 붙잡히지 않으려고 도망치고, 붙잡힌 아이는 어떻게든 도망치려고 품안에서 몸부림친다. 아이가 몸부림치면 간지러워서 아이와 내가 함께 웃으면, 내 안에서 활기찬 기운이 샘솟아난다. 딸아이도 열심히 내게 다가오려고 한다. 아이의 볼은 발갛게 물들어 있고 얼굴은 활짝 웃고 있다.

내가 아무리 불완전하더라도 그날 나는 내 아이의 엄마라는 사실을 절감했다. 딸아이를 키워야 할 사람은 나라는 생각이 절실하게 들었다. 나와 딸 사이에 항상 놓여 있던 장막이 걷히는 최초의 날이었다.

그후 그 장막은 몇 차례나 얇아졌다 두꺼워졌다 하기를 반복했다. 그렇지만 스킨십 놀이를 하는 그 순간에는 장막도 사라지고 아이를 진심으로 사랑할 수 있게 되었다. 아이가 초등학교에 다닐 때까지 매일 스킨십 놀이를 했던 것 같다. 내가 피곤해서 일주일 정도 쉬면 아이가 멀어지는 것만 같고 마치 내 아이가 내 아이가 아닌 것 같은 말도 안 되는 생각이 들었다. 중학교에 입학하고 사춘기에 접어들었어도 아이의 어깨를 쓰다듬는 등의 스킨십 놀이를 계속했다.

이제 딸아이는 결혼했고 두 달이 지나면 엄마가 된다. 딸아이는 뱃속의 아이를 무척 사랑하며 매일 뱃속의 아이와 이야기를 한다.

내 아이를 사랑한다는 당연한 일을 받아들이는 데 망설였던 나였다. 아이와 스킨십 놀이를 하지 않았더라면 내가 바로 진정한 엄마라고 깨닫지 못했을 것이다. 놀이를 할 때 보이는 아이의 맑은 눈동자가 나를 '엄마'로 만들어주었다. 그런 의미에서 스킨십 놀이는 정말 큰 힘이 되었다.

스킨십을 하며 놀이를 하는 것은 아이들의 언어 그 자체라는 생각이 든다.

## 남자가 되었다

_N · K(초등학교 1학년 아이의 어머니)


2003년 6월. 한 방송국에서 스킨십 놀이가 소개되는 내용을 보고 대
단하다는 생각이 들어 아들을 데리고 견학을 갔다. 나는 일을 했기 때문
에 아이는 어린이집에 다녔다. 그리고 사쓰키 유치원이 집에서 멀었기
때문에 다닐 수가 없었다. 하지만 떠오르는 생각이 있어 집에서 아이에
게 시험해보기로 했다.

아이는 당시 다섯 살이었다. 어린이집에서는 다른 아이들과 잘 놀지
도 않고 정글짐에 올라가도 첫 단 정도 오르는 것이 고작이었다. 남자
아이치고는 좀 소극적인 편이었다.

이런 아이를 가진 내게 사쓰키 유치원에서 하는 스킨십 놀이는 정말
놀라운 경험을 안겨주었다. 어떤 아이는 몇 사람이 힘을 합쳐 넘어뜨려
도 마치 고양이처럼 사뿐하게 착지를 했다. 사내아이들은 모두 힘이 넘
쳤다. 세 살 가량의 여자아이가 실내에 만들어놓은 평균대를 사뿐사뿐
건넜다. 그리고 작은 남자아이가 아주 빠른 속도로 줄넘기를 했다.

게다가 스킨십 놀이를 하고 난 다음 아이들의 태도는 나를 더욱 놀라
게 했다. 큰딸아이가 초등학생이기 때문에 학교 수업을 몇 차례 참관해
본 적이 있는데 산만한 아이, 떠드는 아이, 선생님 말씀을 듣지 않는 아
이들은 고학년이라고 해도 반에 몇 명쯤은 있기 마련이었다. 그러나 사
쓰키 유치원에서는 연령이 낮은 아이부터 그 많은 아이들 모두를 합쳐
놓은 스무 명 정도의 학급인데도 누구 하나 떠드는 사람 없이 모두 선
생님의 눈을 똑바로 응시하며 조용히 경청하고 있었다.

집에 돌아오자마자 아이와 스킨십 놀이를 해보았다. 이불 위에서 말

타기 놀이를 하면서 떨어뜨려도 보고 서로 손을 잡고 배 위에 다리를 올려놓게 하고 회전을 시켜보기도 했다. 아이는 서슴없이 올라탄 후 '조금 더, 더!' 라고 외치며 마구 졸라댔다.

그리고 3일이 지나자 드디어 변화가 일기 시작했다. 우리 집 거실에는 아이를 위해 산 유아용 실내 정글짐이 있었다. 지금까지는 첫 번째 단에서 뛰어내리는 정도가 고작이었는데 아이는 갑자기 두 단 높이에서 뛰어내렸다.

게다가 일주일 정도가 지나자 주먹과 발차기를 하며 내게 달려들게 됐다. 나는 '이것이다!' 라고 직감했다. 남자아이들은 누구나 공격성을 갖고 있다는 원장 선생님의 말씀이 떠올랐다. 내 아이도 보통의 다른 사내아이들과 다를 바가 없다는 점을 알 수 있었다.

그후 어린이집 연락장에서 '열심히 줄넘기를 한다' '친구와 잘 어울려 논다' 는 기쁜 메시지들을 보게 되었다.

지금도 매일 매일은 아니지만 아이와 편을 나눠 이불 위에서 놀이를 계속하고 있다. 특히 얌전한 성격의 아이를 둔 집에서는 꼭 스킨십 놀이를 해보았으면 한다.

### 2주일 만에 손톱 물어뜯기가 사라졌다
_T · S(사쓰키 유치원 졸업생 어머니)

'아이들아, 다 모여라'라는 유치원 개방일에 스킨십 놀이를 처음 보았다. 아이의 동생이 이제 막 6개월 된 아기라 내 마음도 온통 둘째에게 쏠려 있었다. 두 살짜리 첫째 아들의 반항기와 겹치면서 나는 아이에게 매일 매일 혼만 냈던 것 같다.

그래서인지 아들은 손톱을 물어뜯는 버릇이 생겼고 갑자기 다른 사람을 물어뜯거나 소리 지르기도 하는 등 몹시 난폭해졌다.

솔직히 말해서 난 그때 아들이 무척 미웠다.

그러던 중 스킨십 놀이를 만났고 실제로 해보기를 2주일째, 그 결과가 아직도 잊혀지지 않는다. 2주일 만에 아들의 손톱이 자라고 있는 것을 목격했다. 몇 개월 만에 보는 긴 손톱이었다. 그 사실이 너무 기뻐서 아들을 무릎에 앉혀놓고 손톱을 잘라주었다. 그리고 스킨십 놀이가 정말 대단하다는 생각이 들었다.

그후로도 가능하면 스킨십 놀이를 계속하고 있다. 일진일퇴를 반복하고 있지만 아들은 이제 다른 사람을 물어뜯지 않으며 침착해졌고 잘 웃게 되었다. 그리고 혼을 내면 금세 삐치는 소심한 성격도 많이 좋아졌다.

처음에는 형식적으로 스킨십을 시작했는데 신기하게도 만지고 접촉하는 행동이 아주 멋진 일이라는 생각이 들었다. 점점 아들이 사랑스러워졌다. 소중하고 귀엽고…… 아들과 연인이 된 느낌이다.

스킨십 놀이를 몰랐다면 말로만 아들과 대화를 했을 것이다. 머리를 쓰다듬는다거나 어깨를 툭툭 친다거나 하는 행동은 아이가 자라도 여전히 하고 싶다. 말로만 하기보다는 스킨십을 하면 마음이 훨씬 잘 전해진다는 사실을 실제로 체험해보았기에 계속 그렇게 하고 싶어진다.

# 육아에 희망을 갖자!

............................................

### 어머니가 육아를 모두 책임져야 하는 것은 아니다

올해 4월에 입학 예정이었던 사오리(가명)의 어머니가 스킨십 놀이가 무서워서 유치원에 가고 싶지 않다고 말하는 사오리와 함께 상담을 하러 왔다. 입학이 한 달 정도 남은 시기였다.

이야기를 들어보니 내용은 다음과 같았다. "12월 말쯤부터 입학하기를 싫어했습니다. 친구들과 같이 놀지도 않고, 엄마와 함께 가는 리듬 체조 교실에서도 한쪽 구석에서 혼자 놀기만 합니다. 밤에는 '싫어!' 라고 잠꼬대를 하거나 울기도 하며 밤새 두세 번은 일어나고 체중이 줄어갑니다."

그리고 사오리의 동생이 미숙아로 태어나 손이 많이 가기 때문에 좀처럼 사오리를 돌봐줄 틈이 없었다고 했다.

'사오리! 오늘 참 잘 왔다. 일단 유치원을 견학해볼까? 어떤 학급이라도 괜찮단다' 라고 말하자 사오리는 주저없이 엄마와 함께 아침 인사를 하고 있는 학급에 들어가 보았다. 또 야외에서 놀이를 하는 시간이 되자 유치원 마당에서 아이들이 세 명이 한 조가 되어 사오리가 탄 수

**114**

레를 밀어주는 놀이를 했다. 2~30분 놀이는 계속되었다. 드디어 사오리도 팔을 걷어붙이고 진흙탕 놀이를 하기 시작했다. 진흙탕 놀이는 작년 가을 이후 처음이었다.

그후 사오리 어머니에게 다음과 같은 말을 들려주었다.

"오늘날은 아이들이 성장하기 어려운 시대입니다. 그리고 앞으로 이러한 현상은 더욱 심해질 것입니다. 우리 아이들은 인간관계를 잘 맺지 못합니다. TV를 보거나 게임을 하고, 각자의 방 안에만 있으며, 형제와 친구가 별로 없고, 이웃과 친척들도 점점 줄어듭니다.

사람은 자신이 자라온 방식대로 다음 세대를 키웁니다. 따라서 몇 백년의 시간이 흘러도 육아에 대한 지혜가 전승되는 것입니다. 그것은 위대한 인류의 유산입니다. 이렇게 부모에게서 아이에게, 아이에게서 다음 세대로 각 가정의 훌륭한 육아 비결과 안 좋은 방식들이 같이 이어지는 것입니다.

즉, 현재의 부모들이 아이를 제대로 키우지 않는다면 우리의 아이가 커서 엄마, 아빠가 되었을 때 똑같은 육아의 고통을 안게 됩니다.

아이가 사람답게 자라기 위해서 여러 가지 필요한 점들이 있지만 아이들은 사람들 사이의 돈독한 결속을 통해 보다 큰 영향을 받는다고 생각합니다."

### 아이의 숨겨진 힘을 이끌어내는 사람은 부모

"아이가 아무리 큰 문제를 안고 있어도 문제를 해결하는 능력은 결국 아이의 내부에 들어 있습니다. 그 잠재적인 힘을 이끌어내는 것이 엄마, 아빠의 역할입니다.

아이가 힘들어할 때 엄마와 아빠는 생각할 수 있는 모든 방법을 생각해볼 것입니다. 그러나 단번에 개선이 안 되면 자신의 육아 방법에 자신감을 잃는 것과 동시에 아이에 대한 신뢰감도 잃어버리게 됩니다.

부모와 자식의 관계는 서로의 신뢰를 바탕으로 성립되는 것이므로 신뢰감이 떨어지면 여러 가지 문제를 해결하려는 노력도 수포로 돌아가기 쉽습니다. 반대로 서로가 신뢰감을 느낀다면 모든 문제가 잘 풀릴 수 있습니다.

창립 이래 26년간의 유치원 육아 과정 속에서 아이들은 신뢰할 수 있는 존재라는 사실을 절실히 느꼈습니다.

유치원 마당에서 활발하게 놀고 있는 아이들을 보세요. 이 아이들 중에도 입학할 당시에는 커다란 문제를 안고 있던 아이가 많았습니다. 모든 것이 해결되지는 않았지만 아이들은 이렇게 성장해가고 있습니다."

이런 이야기를 들려주자 사오리의 어머니는 안심하는 듯했다.

### 스킨십 놀이는 엄마와 아이의 유대를 돈독히 해준다

어머니들의 육아에 대한 고민 중에서 가장 커다란 부분은 아마도 아이의 원만한 인간관계 형성 문제에 있을 것이다. 그래서 어머니들에게 인간관계의 핵심은 엄마와 아이의 신뢰관계라는 점을 강조해준다. 엄마와 아이의 애정이 깊어지면 아이에게 지금까지 볼 수 없었던 힘이 나오게 된다. 다시 말해서 '삶의 에너지'가 생긴다.

그리고 머지않아 엄마의 눈에도 확연히 보일 정도로 아이에게 변화가 일어난다. 그러면 아이의 장래는 희망적으로 바뀐다. 아이에 대한 신뢰감이 커지면 엄마도 기운이 나고 육아에 대한 의욕도 커진다.

따라서 아이는 더욱 큰 변화를 보이게 되는 상승효과가 일어난다. 악순환이었던 상황이 긍정적인 성장 과정으로 변한다.

아이와 부모에게 불충분한 점을 채워나가는 데 도움을 주는 것이 바로 스킨십이다. 스킨십 놀이는 이런 점에서 위력을 발휘한다. 이것은 이미 소개한 다양한 예에서 알 수 있다.

아이에게 끊임없는 애정을 주어야 한다. 아이와의 애정이 돈독해질수록 아이의 심신은 안정되며 '엄마처럼 되고 싶다, 아빠처럼 되고 싶다'라는 생명의 불씨를 활활 태운다.

### 문제를 갖고 있는 아이라도 희망을 갖자!

어머니와 아이의 관계가 형성되면 그 다음에는 아버지와 아이의 관계가 형성되고 형제 관계도 형성된다. 그리고 이 부모와의 관계를 토대로 선생님과의 관계와 친구 관계도 만들어진다.

유치원 같은 단체 생활에서 선생님과의 신뢰 관계가 형성되지 않으면 아이는 친구를 사귀는 데 어려움을 겪는다. 이처럼 인간관계를 형성하는 힘을 길러주는 것이 육아에 있어서 가장 중요한 점이다.

아이들은 즐거운 일을 좋아해서 항상 '어디에 재미있는 일이 없을까' 하며 돌아다닌다. 아이들 스스로 찾아내기에는 시간이 상당히 많이 걸릴 수도 있지만 친구들이 있어서 즐거운 집단이라면 아무런 문제가 없다.

지금까지 문제가 있는 아이들도 유치원에 많이 들어왔다. 문제가 있는 아이의 어머니는 대부분 우리 아이만 '안 된다' '친구들과 어울리지 못한다' '놀림을 당하고 금방 울어버린다'라고 생각하며 모든 불행을 혼자 짊어지고 있는 듯이 말한다.

그런 어머니에게 '같은 문제로 고민하고 있는 아이가 유치원에 입학했습니다'라고 말해주면 문제가 아직 해결되지 않았어도 같은 문제로 고민하고 있는 사람이 존재한다는 사실 하나만으로도 많은 위안을 받는다.

부모가 아무리 노력해도 해결할 수 없어 상담을 받는다 해도 그 문제의 해결 방법을 찾기가 쉽지는 않다.

어두운 터널 한가운데 있는 답답함을 밝혀주는 아주 작은 촛불 정도의 빛이라도 좋다. '희미한 빛을 보았다'라고 희망을 발견하는 일이 중요하다.

### 어린아이는 짧은 시간에 변할 수 있다

사오리의 어머니가 지금까지의 경과를 다음과 같이 기록했다.

"입학 시기가 다가오면서 정말 고민했습니다. 제 마음이 갈피를 못 잡고 있었으니 사오리도 그랬겠지요. 그러나 선생님으로부터 '스킨십 놀이가 싫으면 단순히 안아주는 것만으로도 좋습니다. 다른 방에서 그림책을 읽어주어도 좋습니다. 아이들은 재미있는 것을 좋아하기 때문에 그러는 사이에 반드시 스킨십 놀이를 좋아하게 될 것이므로 서두르지 말고 서서히 해보세요'라는 조언을 받았을 때 가슴을 꽉 막고 있던 무엇인가가 시원하게 뚫리면서 안도감이 들었습니다."

며칠 후 사오리와 어머니가 다시 유치원을 찾았다. '사오리가 오늘은 유치원에 꼭 가겠다'고 말해서 데리고 왔다는 것이다. 사오리의 내면에서 변화가 일어난 것이다.

어머니가 육아의 중요한 점들을 인식한다면 아이는 짧은 시간에도 엄청난 변화를 보이는 경우가 많다. 집으로 돌아가는 사오리의 어머니에게 "집에서 아빠도 함께 스킨십 놀이를 해주세요. 사오리에게 활력을 불어넣어주고 아이와의 사이도 좋아질 수 있어요"라고 말해주었다.

이렇게 힘겹게 자라나고 있는 아이들과 그 부모들에게 스킨십 놀이를 권해줄 때면 아주 큰 보람을 느낀다.

### 육아의 성패는 초등학교 입학 전에 결정된다

'세 살 때 버릇 여든까지 간다'라는 속담도 있듯이 최근에 새삼 유아기의 중요성이 강조되고 있다. 아이들이 자라면서 여러 가지 문제가 화산처럼 분출하지만 문제의 원인 중 대부분은 이미 유아기에 일어난다고 봐도 무방하다.

이 이야기를 오해하지 않기를 바란다. 어렸을 때 문제를 해결하지 않으면 이미 늦었다든지 그 이후의 교육은 의미가 없다고 말하는 것이 아니다.

병아리는 알에서 나와 처음으로 접하는 큰 존재를 자신의 어미로 알고 일생 동안 그 존재에서 벗어나지 못한다고 한다. 그러나 인간은 새와 달리 몇 살이 되어도 변화할 수 있고 단점을 고칠 수 있다. 단, 점차 성장 발달이 둔화되고 유아기 때만큼 반응이 빨리 오지는 않는다.

건축물에 비유해보면, 처음에 세웠던 토대와 기둥을 바꾸고 다시 작업하려면 몇 배 이상의 시간이 걸리고 그만큼 작업이 어렵게 된다. 이와 마찬가지로 유아기는 인간의 토대를 만드는 시기이므로 무척 중요하다.

유아들은 부모에게 밀착되어 있고 의존하려는 마음이 강하므로 부모의 영향을 강하게 받는다고 할 수 있다. 초등학교에 입학하는 시기는 부모로부터 독립하려는 시기이며 친구와 사회의 영향을 강하게 받게 된다. 대신 부모의 영향력은 줄어든다. 대뇌의 급속한 발달은 점점 둔화되어 완만한 성장을 하게 된다.

따라서 부모와 아이의 신뢰관계와 아이의 심신 발달에 중요한 시기는 바로 유아기라고 볼 수 있다. 그렇다고는 해도 아직 덜 발달된 상태에서 초등학교에 입학하는 아이가 사실은 적지 않다. 이런 경우 어떻게 해야 할까?

우선 유아기 때처럼 갑작스럽고 급속한 변화는 기대하지 말아야 한다. 시간을 충분히 갖고 문제를 해결할 필요가 있다.

여러 가지 상황에 기계적으로 대처하려 하지 말고, 도망가거나 두려움도 느끼지도 말고 아이를 똑바로 응시하고 아이와 더불어 함께 하려는 자세가 필요하다.

문제 해결의 열쇠는 역시 엄마와 아이의 관계에 있고, 그 관계는 스킨십을 통해 새롭게 쌓아질 수 있다.

## 육아에 희망 갖기

자신을 희생하며 아이를 길렀던 전쟁 전후 세대의 부모들에 비해 오늘날은 아이 기르기에 대한 희망을 버린 부모가 많아졌다는 사실을 실감한다. 그러나 2~30년이라는 단기간에 아이들의 본질이 그렇게 쉽게 변한다고는 보지 않는다. 분명히 아이들에게는 엄청난 생명력과 가능성이 잠재되어 있다.

　육아는 아이들 내면에 깊이 잠자고 있는 보물을 부모가 발견해내는 여행이라고 해도 좋을 것이다. 스킨십 놀이는 그 멋진 여행의 동반자가 될 수 있다고 믿는다.

노지리 히데
(사쓰키 유치원 원장)


내가 열다섯이 되던 해 전쟁에 패했고 그때까지 믿고 있었던 모든 것이 한순간에 무너져버렸다. 망연자실한 심정에서 성서를 읽게 되면서 살아갈 힘을 얻었고 기독교인이 되었다. 그후, 오랫동안 유아 교육에 매달렸지만 '아이 입장에 서는 육아'를 실천하기란 쉽지 않았다. 위(어른)에서 아래(아이들)로 향하는 일방통행의 교육이 몸에 배어서, 그런 교육 방식에 나도 모르게 따라가곤 했다. 이룰 수 없었던 꿈을 다시 이루어보려는 염원에 이끌려 같은 뜻을 가진 분들과 더불어 1978년에 이상적 교육을 목표로 사쓰키 유치원을 설립했다.

당시에는 이미 의욕과 활력을 잃은 아이들이 많아지기 시작했고 그 아이들은 마치 기름이 떨어진 자동차와 같아서 아이들의 마음을 움직이기란 여간 어려운 일이 아니었다.

그러던 와중에 찾아낸 것이 바로 스킨십 놀이다. 아이들은 마음을 태우는 기름, 즉 애정을 강렬하게 갈망하고 있었다. 오감의 시기라고 하는 유아기에 가장 중요한 것은 몸의 접촉으로 전해지는 부모의 사랑이다. 26년 동안 육아 과정 속에서 가장 중요한 사실은 인간관계라는 점을 절실히 깨달았다. 스킨십 놀이가 인간관계의 기초를 만드는 데 초석이 된다는 점이 이 책을 통해 널리 알려졌으면 한다.